olección Poesía

© Editores Mexicanos Unidos, S. A. Luis González Obregón 5-B. Col. Centro Delegación Cuauhtémoc. C.P. 06020. Tels.: (5)521-88-70 al 74 Fax: (5)512-85-16 e-mail: editmusa@mail.internet.com.mx

Miembro de la Cámara Nacional de la Industria Editorial, Reg. No. 115

Diseño de portada: Mabel Laclau Miró

Ilustración: "Pereza Andaluza, 1900", Julio Romero de Torres

La presentación y composición tipográficas son propiedad de los editores

ISBN 968-15-0305-8

2a Reimpresión Octubre 2005
Impreso en México
Printed in Mexico

Antología

Cien Poetas
Mexicanos

editores mexicanos unidos, s.a.

NOTA A LA PRESENTE EDICIÓN

 **C**ON nuestra selección CIEN POETAS MEXICANOS, creemos poder ofrecer al público una Antología, bien completa, de la poesía mexicana de todos los tiempos. Desde nuestros clásicos como Juan Ruiz de Alarcón, Matías de Bocanegra y Sor Juana Inés de la Cruz, hasta nuestros jóvenes vates ya consagrados, toda la pléyade de poetas, de todas las escuelas y tendencias, se ha procurado incluirlos en la presente edición.

La dificultad que supone toda Antología —y más cuando de poesía se trata— aumenta en el presente caso por el límite forzado a que nos obliga la propia intención del libro, puesto que, ni más ni menos, de Cien poetas mexicanos se trata. Dificultad que, aún, se desdobla y se amplía porque esta Selección forma parte —y aparece simultáneamente con ellos— de una serie de cuatro tomos sobre aspectos poéticos mexicanos en cuyo total de más de setecientas páginas no podía repetirse un solo verso. Esto hace más difícil —y más meritoria sin duda— nuestra edición.

Nuestra ambición, bien modesta por cierto, se limita a querer ofrecer al gran público lector, y de manera muy especial a los jóvenes escolares, un manual útil de poesía, del que muy falto está nuestro mercado librero. Este solo objetivo justifica, creemos, la necesidad de la presente obra.

Los Editores.

México, D. F.,

6

1

Manuel Acuña

ANTE UN CADAVER

¡Y bien! aquí estás ya... sobre la plancha
donde el gran horizonte de la ciencia
la extensión de sus límites ensancha.

Aquí donde la rígida experiencia
viene a dictar las leyes superiores
a que está sometida la existencia.

Aquí donde derrama sus fulgores
ese astro a cuya luz desaparece
la distinción de esclavos y señores.

Aquí donde la fábula enmudece
y la voz de los hechos se levanta
y la superstición se desvanece.

Aquí donde la ciencia se adelanta
a leer la solución de ese problema
cuyo solo enunciado nos espanta:

ella, que tiene la razón por lema
y que en tus labios escuchar ansía
la augusta voz de la verdad suprema.

Aquí estás ya... tras de la lucha impía
en que romper al cabo conseguiste
la cárcel que al dolor te retenía.

La luz de tus pupilas ya no existe,
tu máquina vital descansa inerte
y a cumplir con su objeto se resiste.

¡Miseria y nada más! dirán al verte
los que creen que el imperio de la vida
acaba donde empieza el de la muerte.

Y suponiendo tu misión cumplida
se acercarían a ti, y en su mirada
te mandarán la eterna despedida:

Pero, nó... tu misión no está acabada,
que ni es la nada el punto en que nacemos
ni el punto en qué morimos es la nada.

Círculo es la existencia, y mal hacemos
cuando al querer medirla le asignamos
la cuna y el sepulcro por extremos.

La madre es sólo molde en que tomamos
nuestra forma, la forma pasajera
con que la ingrata vida atravesamos.

Pero ni es esa forma la primera
que nuestro ser reviste, ni tampoco
será la última forma cuando muera.

Tú, sin aliento ya, dentro de poco
volverás a la tierra y a su seno,
que es de la vida universal el foco.

Y allí, a la vida en apariencia ajeno,
el poder de la lluvia y del verano
fecundará de gérmenes tu cieno.

Y al ascender de la raíz al grano,
irás del vegetal a ser testigo
en el laboratorio soberano,

tal vez para volver cambiado en trigo
al triste hogar donde la triste esposa
sin encontrar un pan sueña contigo.

En tanto que las grietas de tu fosa
verán alzarse de su fondo abierto
la larva convertida en mariposa,

que en los ensayos de su vuelo incierto
irá al lecho infeliz de tus amores
a llevarle tus ósculos de muerto.

Y en medio de esos cambios interiores
tu cráneo, lleno de una nueva vida,
en vez de pensamientos dará flores,

en cuyo cáliz brillará escondida
la lágrima, tal vez, con que tu amada
acompañó el adiós de tu partida.

La tumba es el final de la jornada,
porque en la tumba es donde queda muerta
la llama en nuestro espíritu encerrada.

Pero en esa mansión, a cuya puerta
se extingue nuestro aliento, hay otro aliento
que de nuevo a la vida nos despierta.

Allí acaba la fuerza y el talento,
allí acaban los goces y los males,
allí acaban la fe y el sentimiento;

allí acaban los lazos terrenales,
y mezclados el sabio y el idiota
se hunden en la región de los iguales.

Pero allí donde el ánimo se agota
y perece la máquina, allí mismo
el sé que muere es otro sér que brota.

El poderoso y fecundante abismo
del antiguo organismo se apodera,
y forma y hace de él otro organismo.

Abandona a la historia justiciera
un nombre sin· cuidarse, indiferente,
de·que ese nombre se eternice o muera.

El recoge la masa únicamente,
y cambiando las formas y el objeto,
se encarga de que viva eternamente.

La tumba sólo guarda un esqueleto,
mas la vida en su bóveda mortuoria
prosigue/alimentándose en secreto.

Que al fin de esta existencia transitoria,
a la que tanto nuestro afán se adhiere,
la materia, inmortal como la gloria,
cambia de forma pero nunca muere.

2

Juan Ruiz de Álarcón

LAS MUJERES

(De "Todo es ventura")

No reina en mi corazón
otra cosa que mujer,
ni hay bien a mi parecer,
más digno de estimación.
¿Qué adornada primavera
de fuentes, plantas y flores,
qué divinos resplandores
del sol en su cuarta esfera,
qué purpúreo amanecer,
qué cielo lleno de estrellas
iguala a las partes bellas
del rostro de una mujer?
¿Qué regalo en la dolencia,
en la salud qué contento,
qué descanso en el tormento
puede haber sin su presencia?
Cercano ya de su fin
un monje santo decía
que sólo mejoraría
oyendo el son de un chapín.
¡Y era santo! ¡Mira cuál
será en mí, que soy perdido,
el delicado sonido
de un órgano de cristal!
¿Sabes lo que echo de ver?

Que el primero padre quiso
más perder el paraíso
que enojar una mujer.
¡Y era su mujer! ¿Qué hiciera
si no lo fuese? ¡Y no había
más hombre que él! ¿Qué sería
si con otro irse pudiera?
Porque con la competencia
cobra gran fuerza Cupido.
—¡Triste de mí, que he tenido
de esa verdad experiencia!
—Según eso ¿cómo quieres
que yo, que tanto las precio,
entre en el uso tan necio
de injuriar a las mujeres?
Que entre enfados infinitos
que los poetas me dan
no es el menor ver que están
todos en esto precitos.
—Qué ¿te dan muchos enfados?
—Pues ¿a quién no ha de cansar
uno que da en gracejar
siempre a costa de casados?
Daca el sufrido, el paciente...

Hermano poeta, calla,
y mira tú si en batalla
mataste moro valiente.
La murmuración afean
y siempre están murmurando,
siempre están enamorando
e injurian a quien desean.
¿Qué es lo que más condenamos
en las mujeres? ¿El ser
de inconstante parecer?
Nosotros las enseñamos,
que el hombre que llega a estar

del ciego dios más herido
no deja de ser perdido
por el **troppo variar.**
¿Tener al dinero amor?
Es cosa de muy buen gusto,
o tire una piedra el justo
que no incurre en este error.
¿Ser fáciles? ¿Qué han de hacer
si ningún hombre porfía
y todos al cuarto día
se cansan de pretender?
¿Ser duras? ¿Qué nos quejamos
si todos somos extremos?
Difícil lo aborrecemos
y fácil no lo estimamos.
Pues si los varones son
maestros de las mujeres,
y sin ellas los placeres
carecen de perfección
¡mala pascua tenga quien
de tan hermoso animal
dice mal ni le hace mal
y quien no dijere: amén!

3

Ignacio Manuel Altamirano

LA SALIDA DEL SOL

Ya brotan del sol naciente
los primeros resplandores,
dorando las altas cimas
de los encumbrados montes.
Las neblinas de los valles
hacia las alturas corren,
y de las rocas se cuelgan
o en las cañadas se esconden.
En ascuas de oro convierten
del astro rey los fulgores,
del mar que duerme tranquilo
las mansas ondas salobres.
Sus hilos tiende el rocío
de diamantes tembladores,
en la alfombra de los prados
y en el manto de los bosques.
Sobre la verde ladera
que esmaltan gallardas flores,
elevan su frente altiva
los enhiestos girasoles,
y las caléndulas rojas
vierten al pie sus olores.
Las amarillas retamas
visten las colinas, donde
se ocultan pardas y alegres
las chozas de los pastores.
Purpúrea el agua del río

lame de esmeralda el bordo,
que con sus hojas encubren
los plátanos cimbradores;
mientras que allá en la montaña,
flotando en la peña enorme,
la cascada se reviste
del iris con los colores.
El ganado en las llanuras
trisca alegre, salta y corre;
cantan las aves, y zumban
mil insectos bullidores
que el rayo del sol anima,
que pronto mata la noche.
En tanto el sol se levanta
sobre el lejano horizonte,
bajo la bóveda limpia
de un cielo sereno... Entonces
sus fatigosas tareas
suspenden los labradores,
y un santo respeto embarga
sus sencillos corazones.
En el valle, en la floresta,
en el mar, en todo el orbe
se escuchan himnos sagrados,
misteriosas oraciones;
porque el mundo en esta hora
es altar inmenso, en donde
la gratitud de los seres
su tierno holocausto pone;
y Dios, que todos los días
ofrenda tan santa acoge,
la enciende del Sol que nace
con los puros resplandores.

4

Guadalupe Amor

DÉCIMAS

Hablo de Dios, como el ciego
que hablase de los colores,
e incurro en graves errores
cuando a definirlo llego.
De mi soberbia reniego,
porque tengo que aceptar
que no sabiendo mirar
es imposible entender.
¡Soy ciega y no puedo ver,
y quiero a Dios abarcar!...

*

Sé que eres inexpresable,
que es torpeza definirte,
que·el acierto está en sentirte.
y así alcanzar lo inefable.
Mas mi ambición indomable
quiere pruebas exteriores,
desea que mis dolores
tengan un premio inmediato.
Mi Dios, te propongo un trato:
¡que sin tardar me enamores!

(De *Décimas a Dios*)

5

Roberto Argüelles Bringas

GESTA DE INVIERNO

Tiembla la fronda que empina
y hace ondular gracia propia;
tiembla la flor que bien copia
toda virtud femenina·

tiembla la mano divina
que ópimos frutos acopia,
tiembla con la cornucopia
que ya sin dones inclina.

Es que en la torre funesta
de su castillo bravío
un caballero se apresta,

con fuerte brazo el impío,
a disparar su ballesta:
el Caballero del Frío.

Crece el espanto en las ramas
cunde el terror en las hojas;
y las vitales panojas
visten de blanco sus famas.

Urde la sombra sus dramas;
y el gran dragón de las rojas
y miserables congojas
crispa en redor sus escamas.

Es que allá va a la carrera
en un corcel cuyo brío
sopla glacial ventolera,

el Caballero sombrío
con su terrible bandera
que alza triunfante en el frío.

Presentimiento de olvido
llega con paso doliente
y en el tristísimo ambiente
pasa con paso sin ruido,

y huye con paso afligido
a ir anunciando el presente
triunfo del polvo insolente
sobre el silencio del nido.

Es que en la noche desierta,
estremeciendo mi hastío,
llama con cólera yerta

y férreo guante vacío,
el Caballero a mi puerta,
con íntimos golpes de frío.

6

Gustavo Adolfo Baz

EL FARO

¿Qué importa que en el cielo
crucen densos jirones?
¿Qué importa que la niebla se levante,
presagio de funestos aquilones,
y la estrella polar al navegante
le oculte con su sombra,
si entre el ropaje de la noche umbría,
en un peñasco, sobre enhiesta torre,
se descubre una luz que alumbra y guía
al que el oscuro pronto audaz recorre?

Si tras fúnebre velo
se ocultan las estrellas
al que vaga perdiendo
en la extensión de las salobres ondas,
la luz que el hombre de piedad movido
sobre desiertas rocas ha encendido,
los escollos señala,
y en los extensos mares
la ruta indica de los patrios lares.

La caridad sublime
que en el mar y en la tierra
las lágrimas enjuga del que vaga
sobre el inmenso abismo abandonado,
ese limpio fanal ha colocado
del océano en las vastas soledades,

19

para que al verlo el ánimo se aliente
del que al eco de roncas tempestades,
falto ya de valor el pecho siente;
y tanto anima su fulgor divino,
que el náufrago doliente que lo mira
en el negro horizonte rutilando,
fija la vista en él, sigue luchando
contra el revuelto mar, hasta que expira.

¡Oh faro salvador! que te levantas
sobre gigantes rocas de granito,
y a quien saluda el triste moribundo
con su postrero grito;
¿Qué voces más grandiosas
y de tu gloria dignas,
que el himno que te eleva
la gratitud de madres y de esposas? . . .
¡Bendito tu fulgor que se confunde
en las hermosas noches en que el viento
sobre el tranquilo mar susurra tenue,
con los astros sin cuento
que brillan en el limpio firmamento,
y que mira y saluda el peregrino,
lo mismo en la tormenta
que en la feliz bonanza,
cual símbolo inmortal de la esperanza!

Ni el huracán terrible,
ni el rayo atronador que retumbando
cruza fugaz, el horizonte obscuro
con repentina luz iluminando;
ni del mar irritado la fiereza,
nada abatirte puede,
nada sobrepujar a tu firmeza.
Por eso, faro, al verte resistiendo
a los golpes del Noto y de las olas;

mientras tu luz brillante
entre las sombras de la noche ardiendo
ilumina radiante
los ámbitos del piélago espantoso,
¡el mortal que te encuentra en su camino,
a resistir aprende valeroso.
con voluntad de bronce a su destino!

7

Neftalí Beltrán

A DIOS

Qué angustioso, Dios mío, qué angustioso
el ver la soledad que me rodea.
Quiero creer, ayúdame a que crea
en Ti, oh Dios pasivo y misterioso.

Mírame aquí contrito y pesaroso
pidiéndote la fe que me posea
y me llene de luz, para que vea
claro el camino duro y borrascoso.

Dame la paz, oh Dios, dame el olvido.
Mírame con piedad, que desdichado
en medio del camino voy perdido.

Dame la fuerza que el haber pecado
da al pecador que llora arrepentido
y creyendo se siente consolado.

8

Manuel M. Bermejo

SEMPER ET UBIQUE

Yo tu nombre escuché cuando alumbraba
la niñez con su lampo mi horizonte,
como la aurora que perfila el monte
con su hebra de luz tímida y flava.

Años después, mi juventud esclava
de un amor más sombrío que Aqueronte,
lo oyó cuando con ansias de Faetonte
la cima de los triunfos escalaba.

Hoy que el Otoño de mi vida empieza
a poblar mis vergeles de tristeza,
hoy que el denso nublado del hastío

acrecienta el dolor que me destroza,
viene tu nombre al pensamiento mío
como un ángel que hablándome solloza.

LA HEROÍNA DE ISAACS

Bajan suspiros de la montaña,
treman suspiros en el ambiente,
flotan suspiros en la corriente,
surgen suspiros de la espadaña.

La hermosa virgen su rostro baña
con triste llanto por el ausente,
mientras su crencha baña el turgente
seno, que el seno de un hombre extraña.

Y cuando al ave siniestra y bruna
rinde la estrella de su fortuna,
cuando el sepulcro, de sus hechizos

guarda el tesoro ceñido en rosas,
Pan —el espíritu de las cosas—
llora en las flautas de los carrizos.

9

Adolfo Bernáldez

FLOR DE ESPINO

Imitando al Nazareno
que murió crucificado,
arrebato tu alma al cieno,
y perdono tu pecado
imitando al Nazareno.

En sus nidos tarquinosos
yacen tristes y ablepsiados
mis rencores venenosos,
y hoy palacios encantados
son los nidos tarquinosos.

¿Mala fuiste...? ¡Pues sé buena,
oh, mi novia infortunada!
Toma ejemplo en Magdalena;
cruza al punto la portada
de mi alcázar! Ven ¡Sé buena...!

Ya no temas al insulto
de la humana muchedumbre;
de él te amparo, pues mi culto
vive aún, y amor es lumbre
que calcina todo insulto.

¡El martirio angustias sella!
¡Tras la ortiga está la palma!
No te importe ver la huella

que dejó el cilicio en mi alma . . .!
¡El martirio angustias sella!

Imitando al Nazareno
que murió crucificado,
arrebato tu alma al cieno,
y perdono tu pecado
imitando al Nazareno.

10

Alberto G. Bianchi

EL BOTÓN DE ROSA

Ya marchito, sus colores,
no han de volver a lucir,
por ley triste han de morir
marchitas todas las flores.

Flor que conmigo vivió
justo es que muerta la guarde...
por ella besé una tarde
la mano que me la dio.

Yo la vi sobre su pecho,
ricas galas ostentar,
y hoy muerta ¿podré dejar
sus despojos, satisfecho?

Emblema de una ilusión
que guardaba el alma inquieta
ya no podrás del poeta
despertar la inspiración.

Por ti ayer soñé despierto
lo que hoy mi mente no alcanza,
naciste cual mi esperanza,
como mi esperanza has muerto.

A veces te quiero ver
gozozo e indiferente.

juzgando que nada siente
el alma en su padecer.

Y siempre brota un suspiro
eco de secreto daño
y en medio del desengaño
más la quiero y más te miro.

Emblema de una ilusión,
que con la aventura pierdo;
representas el recuerdo
más puro del corazón.

11

Matías de Bocanegra

CANCIÓN A LA VISTA DE UN DESENGAÑO

Una tarde en que el Mayo
de competencia quiso hacer ensayo,
retratando en el suelo
las bizarrías de que se viste el cielo,
sin recelar cobarde
que en semejante alarde
pudiera ser vencido,
rico, soberbio, ufano y presumido;
cuando el sol al poniente
con luz incandescente
rodaba al horizonte,
despeñado Faetonte
de su ardiente carroza
a sepultarse en túmulos de rosa,
sale a vistas un prado
de flores estrellado
con tanta lozanía
que reta y desafía,
a competir con ellas,
a cuantas brillan en el globo estrellas.
Por centinela agrega
aquesta hermosa vega
un monte, de esmeralda
desde la cima a la espaciosa falda;
cual Argos se introduce
con blancas azucenas con que luce.
Arriscado gigante,

del cielo inculto Atlante,
Polifemo eminente
que las nubes abolla con la frente,
en cuya cresta altiva
nace una fuente viva;
y no hallando descanso
en la estrecha prisión de su remanso,
la fuente cristalina
sus arenas trasmina,
y astuta se desata
en hilos de cristal, venas de plata,
hasta que despechada,
la cárcel quebrantada,
desde la altiva peña
cual Icaro de nieve se despeña
corriendo a poco trecho,
sierpe de vidrio, al monte por el pecho.
Llega a la falda hermosa
y juguetón retoza
con mirtos y alelíes,
recamando de perlas sus rubíes;
y el prado, que se bebe
en líquidos cristales tanta nieve,
con más flores se enriza,
más vario se matiza,
tributándole en flores
cuantos al río le bebió licores.

Esta riqueza viste
el prado, cuando triste,
de miedos abrumado,
el corazón en ansias anegado,
a un mirador salía
un Religioso que apenas podía
a sí mismo sufrirse,
según siente de penas combatirse.

Los ojos arrasados,
los pulsos ahogados,
pausados los alientos
y en tumulto civil los pensamientos.
Al monte y la campiña
la vista extiende, a ver cómo se aliña,
por ver si así sosiega
de sus discursos la interior refriega.
Suspensos los sentidos,
del todo embebecidos,
de lo que mira el Religioso vive;
porque allí no percibe
otra cosa que el monte y la campaña,
que dulcemente su dolor engaña
cesando los tropeles
y aflojando a la pena los cordeles,
cuando el viento se calma
que levantó la tempestad del alma;
hasta que le despierta
de aquella vida muerta
un músico jilguero,
de su quietud agüero.

Sentóse en un pimpollo
de un sauce verde escollo,
y en alto contrapunto,
tomando por asunto
sus amores y celos,
suspendió con su música a los cielos.
Calle la melodía
con que el Tracio las fieras suspendía,
allánese el acento
con que a las piedras daba movimiento
el de Anfión süave,
cese el concento grave
con que Arión cantaba

. . . .

y a los ariscos peces enlazaba:
que el jilguero pudiera
detener a Faetón en su carrera
si del flamante azote los traquidos
le permitieran concederle oídos.
Las flores, que le vieron,
común aplauso hicieron,
a su voz se callaron
y algunas para verle se empinaron.
El arroyo ruidoso
se detuvo impetuoso,
dejó atrás su corriente,
si animado cristal hielo viviente,
y a sus pasos veloces
fue rémora el oír tan dulces voces.
Interpolaba el canto
el músico jilguero, y entretanto,
libre, gozoso y rico,
las alas se peinaba con el pico.
Eriza como espuma
la matizada pluma
en cuyos tornasoles
envidia tuvo el sol a muchos soles;
segunda vez entona
la voz de que blasona,
dejando sus canciones
al hemisferio todo en suspensiones,
y más que suspendido
al lloroso afligido,
cuya infelice suerte
esquiva le convierte
toda aquella dulzura
en venenoso cáliz de amargura;
y así con un despecho,
el corazón deshecho
en lágrimas fervientes

que manan de sus ojos las dos fuentes,
al jilguero mirando,
su libertad dichosa contemplando,
de esta suerte le dice:

"Avecilla felice
que dulcemente cantas
en alcándaras de esas verdes plantas,
yo peno, tú te ríes,
yo me quebranto cuando tú te engríes;
por eso tú te ríes y yo peno,
porque estás de mis penas muy ajeno,
porque tengo en esposas
la libertad, jilguero, que tú gozas.
¡Ah, libertad amada,
en mis floridos años malograda!
A fe, amigo jilguero,
que en la jaula no fueras tan parlero,
pues sus penas atroces
anudarán tus voces;
prisionero llorarás
la libertad perdida, y no cantarás.
Afuera confusiones,
del alma cesen ya las turbaciones:
¿de qué me asusta el miedo
si en el siglo también salvarme puedo?

"Si en cuna de cristales
nace el arroyo, y busca sus raudales,
hallando su destino
entre riscos camino,
a despecho de peñas y ribazos,
buscando libertad hecho pedazos;
si del verde capullo
rompe la rosa con vistoso orgullo
la trinchera espinosa

33

por salir a campear la más hermosa,
aunque el nacer temprana
le sea presagio de morir mañana;
si el pez sin viento alguno,
entre las crespas ondas de Neptuno,
su gusto no le impide
la tempestad que sus espacios mide,
de orilla a orilla aporta
y escamado bajel los mares corta:
¿cómo yo en cautiverio
tengo mi libertad, siendo mi imperio
tan libre que no hay fuerza
que lo limite o tuerza?
Cielos ¿en qué ley cabe
que el arroyo, la rosa, el pez y el ave,
que sujetos nacieron,
gocen la libertad que no les dieron,
y yo (¡qué desvarío!)
naciendo libre, esté sin albedrío?"

Aquesto discurría
y ya se resolvía,
ciego y desesperado,
a renunciar el religioso estado,
cuando vio que volando,
los aires fatigando,
un neblí se presenta,
pirata que de robos se sustenta;
emplumada saeta,
errante exhalación, veloz cometa,
de garras bien armado,
el alfanje del pico acicalado,
pone a su curso espuelas
desplegando del cuerpo las dos velas.
Bajel de pluma, sube
hasta las nubes por fingirse nube,

desde donde mirando
al jilguero cantando,
gustoso y descuidado,
de riesgos olvidado,
el neblí se prepara
y, rayo de las nubes, se dispara
con tan sordo tronido
que sólo fue sentido
del ave, que asustada
se vido entre sus garras destrozada
tan impensadamente
que acabó juntamente
la canción y la vida,
dando el último acento por la herida,
dejando con su muerte tan funesta
de mil asombros llena la floresta,
que llora lastimada
su inocencia ofendida y agraviada.

Aquí lleno de horrores
y de nuevos temores,
confuso el Religioso,
penitente, lloroso
con el suceso extraño,
conociendo la causa de su daño
y en lágrimas bañado
que del dolor la fuerza le ha sacado,
desiste de su intento,
alumbrado de Dios su entendimiento,
y para prepararse
de esta suerte comienza a predicarse:

"Contempla la libertad,
alma, que ciega apeteces,
porque en negocio tan grave
no es bien de ignorancia peques:
en un difunto jilguero

tus desengaños advierte,
y pues te engañó su vida,
desengáñete su muerte.
Si en la prisión de una jaula
el pajarillo estuviese,
aunque le viera no osara
el gerifalte prenderle.
Muere porque libre vive,
luego la razón es fuerte:
cautiva el ave se gana,
luego por libre se pierde.
Que si en el campo el arroyo
libre no anduviera siempre,
no probara el precipicio
a donde van sus corrientes.
y si del mar las anchuras
libre no midiera el pece,
tampoco incauto perdiera
la libertad en las redes.
Que aunque en la vega la rosa
libre de espinas campee,
o de la mano atrevida
o del bruto bien se teme,
y a tantos riesgos sujeta
se mira el ave aunque vuele,
cuantos corsarios astutos
la asaltan y la acometen.
Si el arroyo, el pez, el ave,
la rosa por libres mueren,
en pez, en ave, en arroyo
y en rosa es bien escarmientes".

"Que si preso me gano,
de voluntad a la prisión me allano;
y si libre me pierdo,
no quiero libertad tan sin acuerdo."

12

Manuel Caballero

¡ MIEDO !

Mil veces he intentado
decirte que te quiero,
mas la ardorosa confesión, mi vida,
se ha vuelto de los labios a mi pecho.

¿Por qué, niña? lo ignoro,
¿Por qué? yo no lo entiendo;
son blandas tu sonrisa y tu mirada,
dulce es tu voz, y al escucharla tiemblo.

Ni al verte estoy tranquilo,
ni al hablarte sereno,
busco frases de amor y no las hallo,
no sé si he de ofenderte y tengo miedo.

Callando, pues, me vivo
y amándote en silencio,
sin que jamás en tus dormidos ojos
sorprenda de pasión algún destello.

Dime si me comprendes,
si amarte no merezco,
di si una imagen en el alma llevas . . .
mas no . . . no me lo digas . . . tengo miedo!

Pero si el labio calla,
con frases de los cielos

deja, mi vida, que tus ojos digan
a mis húmedos ojos ... **ya os entiendo.**

Deja escapar del alma
los rítmicos acentos
de esa vaga armonía, cuyas notas
tienen tan sólo el corazón por eco.

Deja al que va cruzando
por áspero sendero,
que si no halla la luz de la ventura,
tenga la luz de la esperanza al menos.

Callemos en buen hora
pues que al hablarte tiemblo,
mas deja que las almas, uno a uno,
se cuenten con los ojos sus secretos.

Dejemos que se digan
en ráfagas de fuego
confidencias que escuche el infinito,
frases mudas de encanto y de misterio.

Dejemos, si lo quieren,
que estallen en un beso,
beso puro que engendren las miradas
y suba sin rumor hasta los cielos.

Dime así, que me entiendes,
que sientes lo que siento,
que es el porvenir de luz y flores
y que tan bello porvenir es nuestro.

Di que verme a tus plantas
es de tu vida el sueño,
dime así cuanto quieras ... cuanto quieras ...
de que me hables ... no tengo miedo.

13

María Enriqueta Camarillo

PAISAJE

Por la polvosa calzada,
va la carreta pesada
gimiendo con gran dolor.
Es tarde fría de enero,
y los bueyes van temblando...
      Mas de amor
      van hablando
la boyera y el boyero.

Yo voy sola por la orilla
donde la hoja difunta,
que el viento en montones junta,
pone una nota amarilla...
mientras tanto, en el sendero
bien unidos van, la junta,
la boyera y el boyero.

Acompañante no pido,
—alma huraña siempre he sido—.
En mi desdicha secreta,
en el dolor escondido,
bien me acompaña el gemido
de la cansada carreta.

<h1 style="text-align:center">14</h1>

Manuel Carpio

<h2 style="text-align:center">B O N A P A R T E</h2>

Sentado Bonaparte en una altura
en la orilla del mar de Santa Elena,
al triste rayo de la luna llena
meditaba en su inmensa desventura.

Recordaba entre sí con amargura
las turbulencias del sangriento Sena,
el Tabor, las Pirámides y Jena,
y de César-Augusto la bravura.

—"Ved, exclamó, las palmas de Marengo,
los campos de Austerlitz de sangre rojos
donde las rusas águilas contengo.

"De la Europa me siento en los despojos;
mas de tanto triunfar ¿qué premio tengo?
Las lágrimas que ruedan de mis ojos."

<h2 style="text-align:center">LA VIRGEN AL PIE DE LA CRUZ</h2>

Lanzaba el sol su fuego a mediodía
sobre las tristes rocas del Calvario,
el campo estaba ardiente y solitario
y hoja ninguna en su árbol se movía.

Busca el leopardo en medio de arenales
las tibias aguas del Jordán revuelto,
busca las sombras el venado esbelto
entre los deshojados carrizales.

Con el vapor de la caliente arena
el cuello tuerce el espinoso cardo
y entre las grietas del peñasco pardo
se marchita la flor de la verbena.

En tanto el Hombre-Dios allá pendiente
en la cumbre del Gólgota gemía,
y sudaba y temblaba en su agonía
oyendo las blasfemias de la gente.

Tú, Madre del Señor, que cerca estabas
del patíbulo horrendo y casi muerta,
a ratos lloras con la faz cubierta,
la vista a ratos en el Hijo clavas.

Al mirarle temblar suda tu cuello
y tu alba frente suda y te estremeces;
sus ojos tristes vuelve a ti dos veces
y dos veces se eriza tu cabello.

A cada queja que el tormento arranca
de la boca sedienta del Ungido
exhalas profundísimo gemido
y el llanto limpias con tu mano blanca.

Aun no acababa algún desapiadado
de blasfemar del inocente Verbo
cuando escuchabas con dolor acerbo
la risada insultante del soldado.

¿Cómo pudo una mano delincuente

aplicar en el labio moribundo
amarga hiel al Hacedor del mundo
su misma Madre hallándose presente?

¿Cómo no derribó muro y santuario
el furor de estruendoso remolino?
¿Cómo de fuego inmenso torbellino
no derritió las peñas del Calvario?

¿Cómo es, hija de Abram, que ver pudiste
los furores de escena tan tremenda?
¿Cómo al tronar la tempestad horrenda
sin desmayar tu corazón resiste?

Cuanto vas con la vista recorriendo
todo desgarra tu profunda herida:
el muro y torres, la ciudad querida,
el templo augusto, el Olivar tremendo.

Al expirar el Dios de los judíos
diste gemidos tristes y dolientes
cual suelen las palomas inocentes
en los sauces amargos de los ríos.

Todo a tu blando corazón aterra;
cercada estás de pálidos tiranos.
Se palpan las tinieblas con las manos,
los muertos se levantan de la tierra.

Un formidable terremoto acaba
de esparcir el terror, y tú entretanto
temblabas, ay, atónita de espanto
sobre el Calvario que de horror temblaba.

15

Luis Castillo Ledón

SUBLUNAR

Hoy tuve un sueño Soñé
que iba caminando solo,
por un paisaje del Polo,
sin llevar ruta ni fe.

Se extendía la llanura
como vuelo funerario,
como un inmenso sudario
de inmaculada blancura.

La luna, como enfermiza
y triste faz pierrotesca,
se asomaba gigantesca
tras la zona quimeriza.

Yo, caminando al azar,
daba la espalda a la luna,
como si huyera de una
caricia de su rielar.

Tendiendo la vista en torno
de aquel páramo soñado,
vio mi espíritu asombrado
la blancura del contorno;

Blanco era el vuelo aterido,
blanco el cenit deslumbrante,

blanca la luna gigante,
blanco mi cuerpo transido.

Y en la llanura que integra
ese paisaje del Polo,
he descubierto que sólo,
sólo mi sombra era negra...

16

Francisco Cosmes

EL POETA

¡Oh! ¡Dejadlo pasar! No necesita
de vuestra vida el mentiroso halago:
la multitud su corazón agita
como los vientos el cristal del lago.

Allá va entre la turba solitario
sin encontrar a su dolor abrigo,
¡él, que en su mente como en un santuario
un cielo lleva sin cesar consigo!

Hijo de Dios, la potestad que crea
en vez le dio de vanidosos nombres;
que Dios formó al poeta de la idea,
mientras de barro modeló a los hombres.

El mundo, contemplándole altanero
le denomina con desprecio **loco**...
¡Cuando al soñar, el universo entero
para ocupar su pensamiento es poco.

Y él necesita compasión: su alma
al soplo sólo del dolor se abate,
como se inclina la gallarda palma
cuando el **simun** ardiente la combate.

Su corazón, cual tierna sensitiva,
marchito está por el menor tormento;

cada impresión su padecer aviva,
y es una espina cada pensamiento.

Mas también ¡admirad! cuando se elevan
del suelo vuestras moles colosales,
cuando el esfuerzo y la prudencia llevan
hasta el cielo a los míseros mortales.

Cuando, presa de penas y amargura,
de la impotencia os debatís debajo,
y gastáis por llegar hasta la altura
mares de llanto y siglos de trabajo.

El, por el mundo sin piedad proscrito,
no cual vosotros el afán emplea:
para lanzarse audaz al infinito,
¡le basta sólo concebir la idea!

17

Alfonso Cravioto

LA ESTATUA DE CARLOS IV

El virrey más podrido: Marqués de Branciforte,
quiso al rey más imbécil: Carlos IV, adular;
y mandó sus permisos diligente a la Corte
para que estatua regia se pudiera aquí alzar.

Y en conjunto de raras contradicciones harto,
Tolsa, que modelaba bronces con majestad,
se encargó de la estatua. Por eso el Carlos IV,
monumento es del genio a la imbecilidad.

Y frente a ese caballo, cuando la luz sonríe,
la admiración aplaude, pero la historia ríe.

18

Sor Juana Inés de la Cruz

QUE CONTIENE UNA FANTASIA CONTENTA
CON AMOR DECENTE

Detente, sombra de mi bien esquivo,
imagen del hechizo que más quiero,
bella ilusión por quien alegre muero,
dulce ficción por quien penosa vivo.

Si el imán de tus gracias atractivo
sirve mi pecho de obediente acero
¿para qué me enamoras lisonjero
si has de burlarme luego fugitivo?

Mas blasonar no puedes satisfecho
de que triunfa de mí tu tiranía;
que aunque dejas burlado el lazo estrecho

que tu forma fantástica ceñía,
poco importa burlar brazos y pecho
si te labra prisión mi fantasía.

19

Agustín F. Cuenca

NIEVE DE ESTÍO

Contestación a una carta de mujer

A Juan de Dios Peza

Copia fiel de tu belleza
pediste ayer el espejo,
que es el más puro reflejo
de las más noble franqueza,
y siento de mi tristeza
crecer los fieros enojos
porque para ver tus rojos
labios y tu blanca frente,
no hay cristal más transparente
que las niñas de mis ojos.

La luz, de copiarte ufana,
dio al espejo sus destellos,
y entre tus negros cabellos
colgando viste una cana;
fue entonces marfil la grana
que el rostro a besarte mueve,
y trémula, fiera, aleve
trozaste el cabello cano,
que era un cisne de verano
envuelto en plumas de nieve.

Presa de terribles luchas,
como agravio a tus hechizos
viste después a tus rizos
otra cana y otras muchas,
y triste en silencio escuchas
cómo la razón proclama
que es el pensamiento llama
que cuando más se enrojece
más el cabello emblanquece
con el fuego que derrama.

Fijos en el claro espejo
tus más claros todavía
ojos que causan al día
rubores con su reflejo,
las blancas hebras del viejo
cabello en su edad lozana
arrancaste, y la galana
luz de tu mirada al verlas
fue luz que disuelta en perlas
bajó a besar cada cana.

Un rizo blanco me envías,
de tus letras adoradas
envuelto en las desmayadas
misteriosas melodías,
y en tus congojas sombrías
pienso al ver tus canas bellas;
de unas y otras te querellas,
unas son la noche obscura
que nubla tu frente pura,
las otras son sus estrellas.

Con odio a torpes amaños
y venciendo tu altivez,
me has mostrado la vejez

que agobia a tus veintiún años;
y sin temer desengaños,
sin temer fieros desdenes
déjame besar tus sienes;
vano fuera tu temor
cuando sé que son de amor
todas las canas que tienes.

Cuando en ti regocijado
forma mis dulces antojos
llevar el alma en los ojos
para verte enamorado:
cuando en mi pecho ha formado
tu alma su caliente nido
y tiene allí por sentido
ruiseñor que la corteja
el amor que en mí se queja
receloso del olvido.

Cuando al verte sólo veo
que eres claridad del día,
romántica fantasía
de espiritual devaneo;
llama de febril deseo;
ave en el árbol, que el río
copia en su cristal bravío
querellándose de amor,
Madreselva cuya flor
por galán tiene al rocío.

Noche de las estrelladas
noches en que los rosales
forman los lechos nupciales
de los silfos y las hadas;
raudal que en despedazadas
hebras de cristal undoso

errante baja, impestuoso
de los empinados riscos
y entre los verdes lentiscos
va rodando rumoroso.

Queden tus negros cabellos
ciñendo tu faz morena,
y el negro ángel de la pena
quede aprisionado entre ellos;
el rizo de los más bellos
que fueron nieve de estío,
guardo yo en el pecho mío
viendo tus congojas grandes;
hay siempre nieve en los Andes
y espuma en el mar bravío.

PRIMERA PÁGINA

Sigue adelante: de mi oscuro asilo
no detengas el paso entre las flores;
vuelve a tu fiesta orgiástica, y tranquilo
déjame con mi mal y mis dolores.

Vuelve a las redes del amor brillantes,
frágiles al placer y veleidosas;
vuelve el seno a estrechar de tus bacantes,
vuelve en el vino a deshojar tus rosas.

Sigue... no pares en mi aduar sombrío,
la espalda torna a mi nublada frente;
vuelve a la lumbre de tu sol, de estío,
déjame con mi luna refulgente.

Déjame con mis auras refrescantes
que al valle arrojan con murmurio blando
plúmbagos coronados de diamantes
en su carro de nácares volando

Déjame con mis palmas cimbradoras,
mis faunos en la lóbrega espesura,
mis fuentes y mis aves cantadoras,
mi alcor florido y mi montaña oscura.

No pares en mis campos silenciosos
a la meditación siempre risueños;
déjame con mis silfos vaporosos,
mis dulces dichas y mis tristes sueños.

A su paz funeral mi asilo aduna
extraños seres que con formas varias
a los pálidos rayos de la luna
cruzan las arboledas solitarias.

Visiones de la noche en imposibles
sombras que de misterio se rodean,
incorpóreos fantasmas intangibles,
duendes que fugitivos travesean.

Aquí dialogan los sauces yertos
con las escarchas del invierno helado,
con la retama funeral los muertos,
el fatuo fuego con el duende alado.

Aquí en secreto diálogo de amores
bullendo entre las aguas cristalinas
acechan a los faunos triscadores,
con ojos de esmeralda, las ondinas.

Cuando muere la tarde aquí gorjea
el pardo ruiseñor en los palmares,
asoma en los collados Galatea
y Diana fugitiva en los oteros.

Ventana y muro en la calleja aislada
la negra noche en su crespón emboza,
y los sueños del alma enamorada
pasan en su auriespléndida carroza.

Delirios de embozados caballeros
que besan a las pálidas doncellas
al callado fulgor de los luceros
y al dulce titilar de las estrellas.

Cifras de amor el tronco del lentisco
guarda en mis campos y la palma airosa;
historia tiene el torreón morisco,
el templo en ruinas y la cruz musgosa.

De sueños ¿nada sabes? ¿No te aqueja
su alegre turba con amante exceso?
¿Agua es el llanto para ti, y la queja
sonido nada más, y ruido el beso? . . .

Vuelve impuro al deleite, al fementido
goce que encuentra en la revuelta vida
a Sileno entre pámpanos caído
y a Mesalina en el diván dormida.

Aquí la musa del poeta llora,
sus sueños canta y al amor se entrega
mal posando la frente soñadora
de mármol blanco en la columna griega.

No pares en mis campos silenciosos
a la meditación siempre risueños;
déjame con mis silfos vaporosos,
mis dulces dichas y mis tristes sueños.

No detengas tu paso en este asilo,
campo agreste de rojas amapolas:
vuelve a tu fiesta orgiástica, y tranquilo
déjame con mis lágrimas a solas.

20

Jorge Cuesta

SIGNO FENECIDO

Sufro de no gozar como debiera:
tu lágrima fue el último recelo
que me ascendió los ojos a tu cielo
y me llevó de invierno a primavera.

Junto a mi pecho te hace más ligera
la enhiesta flama que alza tu desvelo.
Tus plantas de aire se aman en mi suelo
y te me vuelves casi compañera.

Estás dentro de mí cómoda y viva
—linfa obediente que se ajusta al vaso—
Mas la angustia de ti se me derriba,

se me aniquila el gesto del abrazo.
Y te pido un amor que me cohiba
porque sujeta más con menos lazo.

21

Alí Chumacero

INOLVIDABLE

Decir amor es recordar tu nombre,
el ruiseñor que habita tu mirada,
ir hacia ti a través de lo que fuiste
y cruzar el espacio suavemente
buscándote cristal, desnuda forma
caída del recuerdo, o sólo nube.
Si lloro, el aire se humedece y vuela
con languidez, en lágrimas bañado,
y de mis ojos naces libre sueño
sin más navegación, inolvidable,
grácil estatua de melancolía.

Solo, como una ráfaga o ceniza,
miro aún el candor de tu cabello,
la amorosa violencia de tus ojos
hoy ya distancia, caracol cerrado
a mi rumor de corazón herido,
casi naufragio, tenebral y duelo.

En vano lejanías, o la muerte
del tiempo entre tu cuerpo agonizando,
porque en música pura estoy rendido
cuando al sentir conmigo tu tristeza
sobre mis labios mueres, amor mío.

(De *Imágenes desterradas*)

22

Balbino Dávalos

LA BALADA DEL POETA

Cesó la lucha, la patria es libre!
que en estos campos de horror cubiertos
no más el grito de guerra vibre
llamando vivos, dejando muertos!
El himno augusto que ahora se escucha,
celebra a un pueblo que se levanta...
la patria es libre... cesó la lucha...
        Poeta ¡canta!

Ya los hogares abren sus puertas
y las doncellas temblando aguardan
que hasta sus almas, también abiertas,
entren los novios, que tanto tardan.
Sus frescos lauros por azahares
truecan los héroes con mano inquieta...
abren sus puertas ya los hogares:
        ¡Ama, poeta!

Con faz radiante la dicha asoma,
los sueños vierten polen de oro
y la miseria que abate y doma,
huye ocultando rabioso lloro.
el alma virgen del tierno infante
busca lo noble, lo vil desdeña,
la dicha asoma con faz radiante;
        poeta, sueña!

Con paso artero la infamia viene
y la rodean cuantos la miran.
¡Qué solapada sonrisa tiene!
¡Cómo la acogen! ¡cómo la admiran!
Es su lenguaje tan lisonjero . . .
Oíd . . . ¡qué aplauso tan vivo estalla!
La infamia viene con paso artero:
      Poeta, calla.

23

María del Mar

EN LA PAUSA DE UN OLVIDO

La tarde llueve cristales
sobre tu pena y la mía.
Te pienso. Mi fantasía
es un oro de trigales
que contra el viento porfía.

Como esta lluvia temprana
yo me quisiera volver
para que al anochecer
sintieras en tu ventana
mis lágrimas de mujer.

Y al quedarte sorprendido
en un silencio de amor
descubrieras el sabor
que en la pausa de un olvido
te dejara mi dolor.

Amado: cien abanicos
de mis palabras mejores
arrancarán tus temores,
cien aves de tiernos picos
en volar de resplandores.

Percibirás en la noche
lejana voz de emoción
que gritando mi pasión
baje, en tímido reproche
de flor, a tu corazón.

(De *En ti, sólo distante...*)

24

José T. de Cuéllar

A CERVANTES

Nació al albor de la primer mañana
de una región de luz desconocida,
de do la vida de los mundos mana,
espíritu inmortal; del mundo egida,
nuncio de gloria de la estirpe humana.

Angel, tendiendo las potentes alas,
se lanza en los espacios insondables,
surca mares de gasas transparentes
y piélagos de sombras impalpables,
do ruedan en miríadas los nacientes
globos, que al **fiat** fecundo
del Hacedor, brotando de la nada,
ser y vida reciben, y ya pueblan
vasta extensión, un mundo y otro mundo.

Las alas bate aún; y dondequiera
que la mirada fúlgida dirige,
polvo de estrellas en el éter cunde,
que un lampo solo de la luz eterna
dora y matiza, y su camino rige
y la vida a torrentes
en las etéreas bóvedas difunde,
así el genio bajó sobre la tierra
a cumplir su misión de paz y gloria,
y su trono erigió sobre las raudas
edades que pasando,

van a sus pies en deleznable escoria
su fasto y triunfos, míseras, tornando.

Vio los pueblos nacer, vio las naciones
en formidable lucha ensangrentando
sus nítidos blasones,
miró la vanidad alzar los templos
de fugitivas glorias,
a la ambición palacios esplendentes
de fausto y pompa ejemplos,
y vio después el viento del olvido
barrer tan sólo escorias,
y a solitario capitel de piedra
muda abrazarse trepadora yedra.

Todo rodó a sus pies cual polvo vano:
razas, pueblos y edades,
y templos, monumentos y ciudades;
todo el tiempo lo trunca,
mas los triunfos legítimos del genio,
por mandato de Dios, no mueren nunca.

No mueren, no; regístralos la historia
mostrando sin cesar a la memoria
un más allá esplendente,
una vida mejor a la que aspira
el alma entre el engaño y la mentira
de esta rápida vida transitoria.

Mas ¡ay! no siempre el mundo
al genio poderoso
justo homenaje rinde;
torpe la envidia arrójale profundo
Sarcasmo venenoso;
viles pasiones a sus pies se arrastran,

copa de hiel le ofrecen,
y en vez de comprenderle le escarnecen.

Así, más tarde, la justicia muestra
inexorable al mundo,
en su pasmo profundo,
sobre su rico pedestal, el llanto
del mutilado ilustre de Lepanto.
Así, más tarde, la conciencia humana
convoca al borde de dorada tumba
a pósteros que lloren,
y en desagravio del pasado implore
de otras generaciones la asistencia,
al grito llamador de la conciencia.
Así nosotros hoy, tras dos centurias
y más, venimos a llorar a un hombre
de esclarecido y de eternal renombre;
y en medio a la intuición de lo infinito,
conocemos que alivia
el peso abrumador que nos oprime
algo consolador, grande y sublime;
algo que nos eleva
del lodazal de míseras pasiones,
y a contemplar nos lleva
del mundo en la remota lontananza
una vida de gloria y de esperanza.
Porque el genio redime
al que del mundo para siempre es ido,
del peso de la muerte y del olvido.

No acabar, extinguiendo
con un soplo fugaz lo que el espíritu
está en la vida sin cesar buscando:
no vivir vegetando
para yacer después siempre muriendo,

es el triunfo mayor de nuestro anhelo,
es conquistar desde la tierra el cielo...

¡Cervantes inmortal, mártir sublime!
De España los dolores,
y de émulos bastardos los rencores
despertaron en tu alma la amargura:
pediste pan dentro el hogar vacío,
y sólo el hambre ¡ay Dios, llamó a tu puerta,
cuando el alma tenías,
para dar gloria a España
de par en par abierta!...

No hubiste pan, y altares merecías,
lloraste y hoy te llora el mundo entero;
la risa con que tú te estremecías
resuena en nuestros días
como un eco de gloria placentero.
Hondos fueron tus males
viviendo en el olvido,
y al escribir con lágrimas de sangre
tu Quijote inmortal, legaste al mundo
en tu dolor profundo,
tu época retratada
en tu tremenda y ronca carcajada.
Es que el genio inmortal que al mundo vino
tocado tu alma había,
y en medio a los vaivenes del destino,
tú, soldado, ya pobre, ya doliente,
brillaba ya sobre tu noble frente
lauro eterno que el mundo envidiaría.

Tu tránsito acabó; y en tu postrera
terrible noche, de vivir cansado,
y solo y triste, ¡adiós! dijiste al mundo
en brazos de tu pobre compañera,
transida el alma de dolor profundo.

Y acaso ya sabías,
cuando llegar sentías
brisa de eternidad, que a los oídos
del moribundo zumba,
que aunque la indiferencia y el olvido
perdieron hasta el rastro de tu tumba,
el admirable libro que escribías
iba a robar sus sombras a la muerte,
iba a rasgar los velos del olvido,
y leyéndolo el mundo en nuestros días
de muy distinta suerte,
de su loco entusiasmo en los excesos
iba a entonar sentidas gemonías
por no tener ni el polvo de tus huesos.
Tu tránsito pasó sobre la tierra,
pasó del tiempo la doliente saña,
el dolo, el llanto y el dolor que aterra,
para luego nacer gloría de España
para luego vivir con las edades
la vida de los siglos en la historia,
la vida de los genios en la altura,
para sentir honrada tu memoria
cuando fue desdeñada tu amargura.
El triunfo es tuyo, a tu mansión de gloria
llegue el himno elevado en tus altares;
y en tu descanso augusto,
de la posteridad que te comprende
oigas el fallo justo,
pues supiste ¡oh ingenio sin segundo!
Con sólo un libro cautivar al mundo.

25

Juan B. Delgado

EL ÁGUILA

Del abrupto crestón de la montaña
donde su nido colosal suspende,
reina del aire los espacios hiende
y el almo Febo con su luz la baña.

No así cuando asolando la campaña
la iracunda tormenta se desprende,
súbito el ave su volar suspende
y la sacude convulsión extraña.

Aguila audaz, el pensamiento humano,
al ideal en alas de su anhelo
se levanta y se cierne soberano;

Mas, si la tempestad ruge en su cielo,
del nido del cerebro pugna en vano
por desplegar el poderoso vuelo.

26

Manuel de la Parra

AMOR ANTIGUO

Fui paje de la corte de un glorioso rey Franco.
Más que la de Dios era respetada su ley.
El mandó me arrojaran al fondo de un barranco,
porque una noche alegre, de plenilunio blanco
osé poner mis ojos en la hija del rey!

Hace más de mil años que allí perdí la vida
y desde entonces sigo fatal transmigración.
Van seis veces que encarna mi alma perseguida
por la visión intensa de una dicha perdida
que sentí en una noche de duelo y de pasión.

Yo sorprendí esa noche a la dulce princesa
en el cerrado parque del palacio real:
Paseaba en los prados floridos su belleza
y sus ojos me vieron con profunda tristeza
empapados de un vago plenilunio ideal.

Su doliente mirada me vio tan hondamente,
que desde aquella noche no tengo corazón
sino para la bella misteriosa doliente
que hace más de mil años me miró dulcemente
y me enseñó el secreto de la Eterna Ilusión.

A MI MADRE

¡Madre, qué gran visión hay en tus ojos!
¿Qué ignota playa del Misterio has visto?
¡Acaso viste desde los abrojos
de tu vida la mística pradera
del ensueño inmortal de Jesu Cristo
cuando sembró la humana sementera!

Y lo llevaste dentro de tu pecho
como una joya nueva, sorprendida
en el camino árido y estrecho
que atraviesa el pantano de la vida.
¡Madre, qué gran visión hay en tus ojos

¡Madre, qué bendición hay en tus manos!
¡Oh, qué gran bendición! Siempre en mi ruta,
cuando me acosan los demonios vanos
y malos, de mi espíritu en la gruta
siento tu bendición inmaculada
como un soplo de brisa perfumada
que llega de los ámbitos lejanos,
cuando la brega pasa...
¡Madre, qué bendición hay en tus manos!

Me acuerdo de tu mano grata y grave
como del ala blanca de esa ave
que cruza el pensamiento:
¡Amor! — De tu mirada suave
como del firmamento
por donde cruzó el ave,
el ave milagrosa de mi cuento!

27

Juan Díaz Covarruvias

FRAGMENTOS

. . . .
. . . .

¡Ay del triste que vio desvanecerse
la ilusión que soñaba su esperanza,
quiso tocarla y la miró perderse
en las brumas de obscura lontananza!

Triste de aquel que su brillante gloria
juguete vio del fugitivo viento,
y contempla un martirio en su memoria
y un torcedor su mismo pensamiento.

Triste de aquel que vive en el pasado
mirando en su pesar desvanecida
la ilusión del amor, manto gastado
que engalana la momia de la vida.

Triste de aquel que en su marchito seno
sintió llevar el cáncer de la duda,
bebiendo gota a gota ese veneno
que le dejó la realidad desnuda.

Era su vida flor que se mecía
al suave arrullo de la brisa ufana;
de esa que fuera tan brillante un día
ni hojas siquiera quedarán mañana...

Mas oye, corazón, basta de llanto,
guarda la hiel de tu dolor profundo,
que la queja letal de tu quebranto,
ni la comprende ni la escucha el mundo.

¿No sabes que las quejas que se lanzan
en medio de la noche silenciosa,
nunca otro seno a conmover alcanzan
y se pierden en la aura vagarosa?

Lo sabes, corazón; forja otra historia
sin las gratas venturas que he sentido:
yo no quiero esperanzas, ni memoria,
yo no quiero recuerdos, ¡quiero olvido!

28

Salvador Díaz Mirón

VÍCTOR HUGO

¿Qué palabra mejor que la que canta?
¿Qué timbres de más prez que los que encierra
ese rey triunfador a cuya planta
es un mezquino pedestal la tierra?
¿Qué fuerza más divina
que la de ese Titán que escala el cielo,
desafiando al rayo, —que fulmina
todo lo que se empina
sobre este bajo y miserable suelo,
espíritu y volcán, torre y encina?
¡El cóndor gigantesco de los Andes,
el buitre colosal de orlado cuello
no ha batido jamás alas tan grandes,
ni ha visto de tan cerca un Sol tan bello!

El poeta es el antro en que la obscura
sibila del progreso se revuelve;
el vaso en que la vida se depura,
y, libre de la escoria, se resuelve
en verdad, en virtud y en hermosura!
¡No hay gloria de más claros arreboles
que la de ser, en la penumbra inmensa,
uno de esos crisoles
en que la luz del alma se condensa,
como el fuego del éter en los soles!

*

El evidente está allí, noble y sereno:
si los hombres lo afligen porque es bueno
y en su yerma heredad siembran la ortiga,
él los consuela, y del terruño ajeno
recoge el cardo, como Ruth la espiga!
¡Arbol que el viento del otoño hiere
en la hoja, en la flor, en el retoño!
¡Arbol que al viento del otoño muere
y que perfuma el viento del otoño!
Todo el vapor que del pantano sube,
miasmático y sombrío,
se cuaja arriba en tormentosa nube,
¡pero desciende en bienhechor rocío!
¿Qué importa que el sublime Prometeo,
bajo el chispazo que su frente atrae,
muerda el polvo en la lid, si, como Anteo,
se endereza mayor siempre que cae?
La ráfaga que zumba
no ha de apagar la estrella.
¡Dejad que al fin el trovador sucumba!
¡La luz de su estro, como nunca bella,
brotará por las grietas de su tumba!

*

¡Oh soñador excelso! —Yo te he visto
tocar el cielo, en el batido estuario,
ara de tu ideal! —Tú, como Cristo,
completaste el Tabor con el Calvario!
Misionero de luz propicio al ciego,
tu genio, semejante a un meteoro,
llovió desde el zenit lenguas de fuego
y abrió en la inmensidad surcos de oro!

—No es cierto que tu espíritu esté falto
de esa unidad esplénдida y bruñida

que constituye el mérito más alto
de un libro, de un diamante y de una vida;
pero pagaste el natural tributo!
Primero, el huevo, y en seguida, el ave!
Es fuerza que la flor preceda al fruto
y el hombre empiece donde el niño acabe!
Roja y azul, la sangre que te anima
hizo de ti la aurora que refleja
la púrpura del sol que se aproxima
y el zafir de la noche que se aleja.
Tu frente audaz, que el pensamiento arruga,
puede alzarse sin mancha! Dios te impele.
Nadie reprocha a la rastrera oruga
que se convierta en mariposa y vuele—

Envueltos en su túnica inconsútil,
tus veinte años de destierro gimen...
El crimen te absolvió... ¡Pero fue inútil!
¡Tú no absolviste al crimen!
Y allí, de pie sobre tu peña sola,
nueva Pathmos, ceñida por la ola;
allí, vuelto a los réprobos distantes,
y en tu lengua de hipérboles y elipsis,
lanzaste, nuevo Juan, los fulgurantes
relámpagos de un nuevo Apocalipsis!

—Y tú no fuiste el único en el duelo,
en la pena, en el Gólgota, en la injuria...
Cuando era cumbre o remontaba vuelo
sufrió el embate de la misma furia.
Mas, ¿cómo pudo ser? ¿qué fuerza extraña,
qué ingente cataclismo
decapitó de un golpe la montaña,
aventando sus crestas al abismo?
¿Qué tempestad de tenebrosos rastros
qué estallido de horno

rompió el volcán, bajo su nimbo de astros,
arrojando sus águilas en torno?
¡Profanado el augusto tabernáculo
y erguidos y triunfantes los protervos!
¡Apágada la zarza en el pináculo
y allí agrupados en festín los cuervos!
¡El pueblo subyugado por la tropa;
el pueblo audaz que con ardor fecundo,
dando su sangre en holocausto a Europa,
reivindicó la libertad del mundo!
¡Radiante y vencedor el culto falso!
¡La virtud perseguida con encono!
¡El deber expirando en el cadalso
y la infamia sentándose en el trono!
¡Obscurecido el sol! ¡La Francia esclava!
—¿En dónde estaba Dios, que no veía,
puesto que así dejaba
prevalecer la noche sobre el día?—

¡Oh poeta! Tu espíritu enamora:
es cual la estatua que el egipcio estulto
honraba por sonora:
tiene el supremo pedestal: el culto,
y la suprema inspiración: la aurora!
Sin rival cuando canta y cuando gime,
tu voz reina en el duelo y en la fiesta.
Tus versos son la música sublime,
no de una lira, sino de una orquesta!
No hay nota por tu acento no emitida:
tan grande en la inquietud como en la calma,
tocas todo el registro de la vida,
recorres todo el diapasón del alma!
Siempre con igual éxito, tu numen
brota en odas, idilios y elegías;
y es que en ti se completan y resumen
Píndaro, Anacrëonte y Jeremías!

Tu genio no es el bólido infecundo
que en vano estalla en el celaje incierto:
es la columna que dirige al mundo,
camino del Edén, por el desierto!
El ideal que el porvenir reserva
y que hace ahora su primer ensayo,
saldría de tu frente, cual Minerva
surgió de la cerviz del dios del rayo!
Angeles que combaten con vestiglos
y que alcanzan victoria tras victoria, —
tus himnos brillan como el sol! —La historia
no ha producido en los mayores siglos
gloria que pueda superar tu gloria!

*

. . . .

¡Contemplad al coloso!
Ved cómo lucha y lucha y no desmaya;
cómo pisa, radiante y majestuoso,
el más alto crestón del Himalaya:
cómo allí, —puesto en Dios el pensamiento—,
revela un nuevo mundo en cada grito...
¡Atlas en que se apoya el firmamento!
Atalaya que explora el infinito!

EN UN ÁLBUM

Dicen que el nauta que frecuenta el hielo
del yermo boreal, venciendo el frío,
recibe a veces de ignorado cielo
una olorosa ráfaga de estío.

¡Qué beso el de tal hálito de paso!
¡Qué fruición! ¡Qué delicia! ¡Qué embeleso!
¡Sólo un beso de amor produce acaso
mayor placer que semejante beso!

Pues bien; yo experimento a tus miradas
lo que en el polo el peregrino siente,
cuando una de esas brisas perfumadas
va de otro clima a acariciar su frente.

En mi noche invernal, Dios ha querido
que el resplandor de tus pupilas fuera
un efluvio de rosas difundido
en un rayo de sol de primavera.

EL FANTASMA

Blancas y finas, y en el manto apenas
visibles, y con aire de azucenas,
las manos— que no rompen mis cadenas.

Azules y con oro enarenados,
como las noches limpias de nublados,
los ojos— que contemplan mis pecados.

Como albo pecho de paloma el cuello,
y con crin de sol barba y cabello,
y como plata el pie descalzo y bello.

Dulce y triste la faz; la veste zarca...
Así, del mal sobre la inmensa charca,
Jesús vino a mi unción, como a la barca.

Y abrillantó a mi espíritu la cumbre
con fugaz cuanto rica certidumbre,
como con tintas de refleja lumbre.

Y suele retornar, y me reintegra
la fe que salva y la ilusión que alegra,
y un relámpago enciende mi alma negra.

AL CHORRO DEL ESTANQUE...

Al chorro del estanque abrí la llave,
pero a la pena y al furor no pude
ceñir palabra consecuente y grave.
Pretendo que la forma ceda y mude,
y ella en mi propio gusto se precave,
y en el encanto y en el brillo acude.

Afeite usa y enjoyada viene...
¡Sólo a esplender y a seducir aspira,
como en la noche y en el mar Selene!
¡Es coqueta en el duelo y en la ira
del supremo rubor!... No en vano tiene
curvas y nervios de mujer la lira!

¿Qué mucho, pues? A encono y a quebranto
dejo el primor que les prendí por fuera;
y en la congoja y en la saña el canto
resulte gracia irónica y artera:
el iris en el glóbulo del llanto
y la seda en la piel de la pantera.

29

Ricardo Domínguez

CAMBIOS

Todo cambia en el mundo, ayer estaba
    ese lirio en botón,
esas nubes que vagan en ocaso
    en la cuna del sol,
esas tiernas, inquietas golondrinas,
    en las olas del mar,
tu pensamiento en el recuerdo mío,
(porque al fin nos supimos adorar).

Y ahora, niña, ahora, al blanco lirio
    deshojándose está;
las nubes del oriente en el ocaso,
las golondrinas en mi desierto hogar,
tu pensamiento en la brillante idea
    de otra nueva pasión;
tú alegre y satisfecha y venturosa,
¡y aislado y triste, y sin consuelo yo!

30

Jesús Echáiz

GALILEO

En un rincón de su prisión obscura,
callado el genio, de dolor suspira,
ante un fantasma que delante mira,
de torva faz y negra vestidura.

Es el inquisidor que grita: —¡Abjura!
Renuncia de tu herética mentira,
di que la tierra está... —La tierra gira,
le contestaba el sabio con dulzura.

Airada planta hiere el pavimento,
y por obscuro callejón torcido
asoman el verdugo y el tormento.

Al punto triunfa la ignorancia aleve
y exclama el sabio triste y abatido:
—y sin embargo, siento que se mueve.

31

Rosa Espino

LOS DOS ESPÍRITUS

—Adiós, adiós —al expirar decía
un amante infeliz; y ella en su duelo,
—jamás te olvidaré, le repetía,
pronto nos uniremos en el cielo—

Murió el amante, y luego cariñoso
su espíritu volvió... mas con tristura
mirando roto el vínculo amoroso
lanzó un suspiro y se tornó a la altura.

Murió también la ingrata, y desolado
su espíritu buscaba al de su amante...
No le encontró jamás, y atormentado
su espíritu viajó solo errante.

¡Ay de aquella alma que al amante muerto
sepulta entre el olvido más profundo!
Más allá de la vida hay un desierto,
castigo del olvido en este mundo.

32

Adalberto A. Esteva

RECUERDO

¿Recuerdas ¡oh virgen! la tarde opalina
que tanto gozamos la dicha ideal?
Llenóse el estanque de luz verpertina
y el aire y el bosque de canto nupcial.

Pasaban las nubes arriba, en el cielo...
Gozoso aspiraba tu aliento de flor,
cifrando mi gloria, mi afán, mi desvelo,
en verme a tus plantas rendido de amor.

¡Qué cosas dijimos, de dicha extasiados!
Hablé yo de versos, de cántigas tú.
Estábamos ebrios de amor, deslumbrados
debajo del cielo brillante y azul!

Toda eras pureza, candor, inocencia...
Toda eras aurora y arrullo de abril.
Había en tus ojos la fiel transparencia
del lago que copia la luz del cenit.

¡Cuán dulces las horas de canto y gorjeo!
¡Cuán bellos transportes de amor y ebriedad!
No empaña una sombra de torpe deseo
el cielo que alumbra pasión inmortal.

Confiados y alegres los dos, nos contamos,
yo cosas de versos, tú cosas de amor;

de pronto nos vimos... a un tiempo callamos...
¡y hendiendo los aires un ave trinó!

. . . .

¿Qué fue de mis sueños de amor y ventura?
¿En dónde las dichas del vértigo están?
¿En dónde su encanto? Duró lo que dura
la flor que marchita la noche invernal.

Yo quise ser tuyo, mas Dios no lo quiere;
su mano destroza los sueños en flor;
mi canto es el himno del ave que muere
mirando arrobada ¹a estrella que amó.

¿Por qué, Dios del cielo, los goces terminan?
¿Por qué no es eterno de amor el placer?
¿Por qué tan veloces sus horas caminan?
¿Por qué se recuerdan sus glorias desp⸳ és?

33

Enrique Fernández Granados

EN UN CEMENTERIO

Arde el volcán y en púrpura descuella,
mientras al reino de Plutón se lanza
el astro-rey, y surge, en lontananza,
lirio de luz la vespertina estrella.

Envuelta en sombras, misteriosa y bella,
la dulce Noche sobre el campo avanza;
y, sonriendo en plácida bonanza,
la blanca Luna en el zafir destella.

Doblan su cáliz las silvestres flores
que ornan la tumba esbelta y blanquecina
do reposa el mortal, ya sin temores.

Mudo el saúz su cabellera inclina;
y el ruiseñor, que llora sus amores,
tiende su vuelo hacia la cruz y trina!

IDEAL

Súbito apareció núbil doncella
de rutilante aurora circüida,
suelto el cabello y en la sien prendida,
como una flor, la matutina estrella.

"¿Quién eres?" prorrumpí, mirando en ella
trasunto fiel de una ilusión querida:
de la que ingrata envenenó mi vida,
Dafne fugaz, deslumbradora y bella...

Y con acento de ideal dulzura,
que conmovió mi corazón opreso
y como un himno resonó en la altura,

"soy —dijo— encanto en su sonrisa impreso,
sueño en sus sueños, en su amor ternura,
luz en sus ojos y en sus labios beso..."

34

José Fernández

EN LA MUERTE DEL GENERAL ZARAGOZA

Pálida está la frente
que con divino rayo
de luz brillante circundó la gloria,
al alumbrar su espléndida victoria
el quinto sol del memorando Mayo;
apagada la ardiente
eléctrica mirada,
que al enemigo de terror cubriera,
que cual vivo relámpago luciera
para anunciar el rayo de su espada.
Está ya el labio mudo
que, apenas se movía,
agitaba terribles batallones,
jinetes y corceles y cañones,
y mandaba vencer, y vencía;
yerto el brazo nervudo,
nunca al afán rendido,
asolación del galo aventurero,
y, al envainar el victorioso acero,
noble sostén y amparo del vencido.
Inmóvil yace, inerte,
dentro del pecho frío,
el corazón en el valor templado,
de capitán y de último soldado,
noble modelo de constancia y brío.
¡Duerme ya el hombre fuerte
en eterno letargo,

el hijo que a su patria dar debía
con su victoria el más glorioso día,
con su temprana muerte el más amargo!

Hoy el galo se goza,
de vergüenza desnudo,
viendo que el rostro nos volvió la suerte,
viendo que aleve derribó la muerte
al que vencer su ejército no pudo.

"No existe Zaragoza,
inerme está la diestra
que en ocio vergonzoso nos mantiene.
Ya murió el vencedor, ¿quién nos detiene?
¡A combatir, que la victoria es nuestra!"

"Las águilas augustas,
que ya han tendido el vuelo,
victoriosas doquiera en la pelea,
en Africa, y en Asia y en Crimea,
en Magenta, Palestro y Montebello,

"agitarán robustas
sus alas majestuosas,
y, atravesando raudas el espacio,
irán a reposar en el palacio
en que tú, bella México, reposas."

"Allí, en cercano día,
de Luis soldados fieles,
de oro, de gloria y de placeres llenos,
reclinaremos en hermosos senos
nuestras frentes cubiertas de laureles."

Así con burla impía
los invasores claman;
y, al escuchar su risa-mofadora,
olvido este pesar que me devora,
y la venganza y el valor me inflaman.

Lloremos, mexicanos,
mas breve el llanto sea,
y dejemos el llanto por la espada,

¡ay! para que de Francia la mirada
estas acerbas lágrimas no vea.
    Juntemos nuestras manos
    en la tumba que encierra
los venerandos restos del guerrero,
y pronunciando nuestro adiós postrero,
sólo se oigan después gritos de guerra.
    Guerra, sí, patria mía!
    Guerra por tus montañas,
guerra por tus inmensas soledades,
guerra por tus caminos y ciudades,
guerra en los templos, guerra en las cabañas!
    Tiempo sobrará un día
    de llorar al que muera;
el soldado inmortal que tú perdiste
y con su grande espíritu te asiste,
no quiere llanto ya: triunfos espera.

35

Manuel M. Flores

ADORACIÓN

Como al ara de Dios llega el creyente,
trémulo el labio al exhalar el ruego,
turbado el corazón, baja la frente,
así, mujer, a tu presencia llego.

¡No de mí apartes tus divinos ojos!
Pálida está mi frente de dolores;
¿para qué castigar con tus enojos
al que es tan infeliz con tus amores?

Soy un esclavo que a tus pies se humilla
y suplicante tu piedad reclama,
que con las manos juntas se arrodilla
para decir con miedo... que te ama!

¡Te ama! Y el alma que el amor bendice,
tiembla al sentirle como débil hoja.
¡Te ama! y el corazón cuando lo dice
en yo no sé qué lágrimas se moja.

¡Perdóname este amor! A mí ha venido
como la luz a la pupila abierta,
como viene la música al oído,
como la vida a la esperanza muerta.

Fue una chispa de tu alma desprendida
en el beso de luz de tu mirada.

que al abrazar mi corazón en vida
dejó mi alma a la tuya desposada

Y este amor es el aire que respiro,
ilusión imposible que ˆatesoro
inefable palabra que suspiro
y dulcísima lágrima que lloro.

Es el ángel espléndido y risueño
que con sus alas en mi frente toca,
y que deja —¡perdóname, es un sueño!
El beso de los cielos en mi boca.

Mujer, mujer... mi corazón de fuego
de amor no sabe la palabra santa,
pero palpita en el supremo ruego
que vengo a sollozar ante tu planta.

¿No sabes que por sólo las delicias
de oír el canto que tu voz encierra,
cambiara yo, dichoso, las caricias
de todas las mujeres de la tierra?

¿Que por seguir tu sombra, mi María,
sellando el labio a la importuna queja,
de lágrimas y besos cubriría
la leve huella que tu planta deja?

¿Que por oír en cariñoso acento
mi pobre nombre entre tus labios rojos,
para escucharte detendré mi aliento,
para mirarte me pondré de hinojos?

¿Que por sentir en mi dichosa frente
tu dulce labio con pasión impreso,

te diera yo, con mi vivir presente,
toda mi eternidad ... por sólo un beso?

. . . .

Pero si tanto amor, delirio tanto,
tanta ternura ante mis pies traída,
empapada con gotas de mi llanto,
formada con la esencia de mi vida;

si este grito de amor, íntimo, ardiente,
no llega a ti ... si mi pasión es loca,
perdona los delirios de mi mente,
perdona las palabras de mi boca.

Y ya no más mi ruego sollozante
irá a turbar tu indiferente calma ...
Pero mi amor hasta el postrer instante
te daré con las lágrimas del alma.

36

Aurelio Luis Gallardo

TEXCOCO

Junto de un lago que su nombre lleva,
de márgenes de esbeltos carrizales,
    esa ciudad se eleva
cual dormida paloma entre rosales.

¡Oh ciudad! de tu gloria y poderío,
de tu grandeza y esplendor sagrado,
    sólo eres turbio río,
fábula o tradición de lo pasado!
  Tus caciques conservan tus anales,
grandes tesoros guardas en tu seno,
    y riegan tus canales
las sementeras de tu valle ameno.

Las ondas de tu lago arrulladoras
del bello mar, hermano del Chapala,
    rizadas y sonoras
alzan plumajes de luciente gala.

Tus jardines esmaltan sus orillas,
las verdes alamedas de tus valles.
    ¡Gentil Señora, brillas,
con tus templos, tus plazas y tus calles!

Favorita del Sol, bañarte puedes
cuando la luna salga entre las ondas,
    y si a su amor accedes,
¡quizá entre flores tu belleza escondas!

Algunos de tus grandes monumentos
desmoronados por el polvo ruedan,
    y sólo cual portentos
los panteones de tus reyes quedan.

Ya no tremola altiva en los espacios
la púrpura imperial de tus pendones,
    cayeron tus palacios...
medra el musgo en sus viejos torreones.

De un pueblo heroico vasto mausoleo,
estás en pie magnífica Texcoco,
    espléndido museo
de corta fama y de valer no poco.

El rey Nezahualcoyotl ensayaba
en tu vergel sus cantos de poeta,
    y su lira sonaba
como el arpa inmortal del rey profeta.

Magnánimo y valiente como sabio,
rey poderoso como fuerte y bueno,
    cantó su noble labio
al dios del iris, como al dios del trueno.

Que él en medio de infanda idolatría
con fe de mártir y razón pagana,
    a un ser reconocía
luz, alma y gloria de la estirpe humana.

Así en la Grecia, Sócrates severo
al contemplar altísimas verdades,
    ante el Dios verdadero
prosternó a las olímpicas deidades...

¡Bella ciudad! paloma que tus alas
extiendes sobre aljófares y espumas,

en tu belleza igualas
al cielo en esplendor, al cisne en plumas.

Si el sol con luces de oro te salpica
tu magnífico lago al recogerlas,
      pareces concha rica
ostentando el oriente de tus perlas.

¡Mientras que el sol septentrional te
                                    alumbra
reverberando espléndido en tus linfas,
      mi cántico te encumbra
¡tumba de reyes y mansión de ninfas!

37

Juan B. Garza

CITA

De este pensil al abrigo
solos estamos los dos,
no tenemos más testigo
que las estrellas y Dios.

Si de la noche la calma
te ha negado su beleño,
amor es sueño del alma,
ven, niña, y tendrás un sueño.

Ven; mi pasión necesita
para calmar sus desvelos,
tener contigo una cita
bajo el azul de los cielos.

Abandona el blanco lecho,
y verás qué dulce suena,
cuánto habla de amor el pecho
en una noche serena.

Cada sollozo que brota
del alma el laúd bendito,
será para ti una nota
vibrando en el infinito.

Si quieres quede secreto
el amor de nuestras almas,

no será, niña, indiscreto
el tronco de estas dos palmas.

Ven; aquí de mi tristeza
te hablaré, y de mis delirios,
mientras posas tu cabeza
entre violetas y lirios.

Así tendré la fortuna,
el goce nunca sentido,
de ver un rayo de luna
sobre tu frente dormido.

No vaya a causarte agravios,
ni mucho menos enojos,
el escuchar de mis labios
lo que te han dicho mis ojos.

Ya es justo que el corazón
de hablar de su amor acabe,
pues tan inmensa pasión
dentro del pecho no cabe.

A platicar te convido
bajo esta verde enramada,
lo que platica en su nido
la tórtola enamorada.

Y el arrullo de tu acento
me estremecerá de amor,
como un suspiro del viento
hace temblar a la flor.

Se pierden en lontananza
poco a poco las estrellas,

y siento que mi esperanza
se va alejando con ellas.

. . . .

Sobre la montaña, el día
esparce ya su fulgor . . .
¡Oh! ¡qué lenta es la agonía
del que se muere de amor!

38

Enrique González Martínez

EN LA MUERTE DE SU MUJER

1 - In aeternum vale

En el introito de auroral camino
tembló su paso como lino al viento
y se prendió mi ritmo al movimiento
de aquella blanca ondulación de lino.

Bajó de rumbos siderales; vino
cual don de lluvia al corazón sediento...
¡Qué noble andar, qué grave pensamiento,
qué clara voz de timbre diamantino!

Juntos rendimos límpida jornada...
En el silencio de una encrucijada
se despegó su planta del camino...

Y la miré partir, como la nube
que deja el valle y por el aire sube
en una blanca ondulación de lino...

2 - El alma en fuga

Buscaron, al romper del alborada,
mis brazos y mis ojos su presencia,
y sólo hallé, por signo de la ausencia,
el hueco de su sien en la almohada.

¡Oh qué correr la angustia desatada,
qué ulular por el llano mi demencia,
qué buscar en los ámbitos la esencia
de la alígera planta perfumada!

Amigos que alabasteis su hermosura,
no a solas me dejéis en la amargura
del trance doloroso e imprevisto...

¡Escrutad el perfil del horizonte!
¡Batid los campos y talad el monte!
¡Decidme, por piedad, si la habéis visto!

3 - Dolor

Mi abismo se llenó de su mirada,
y se fundió en mi ser, y fue tan mía,
que dudo si este aliento de agonía
es vida aún no muerte alucinada.

Llegó el Arcángel, descargó la espada
sobre el doble laurel que florecía
en el sellado huerto... Y aquel día
volvió la sombra y regresé a mi nada.

Creí que el mundo, ante el humano asombro,
iba a caer envuelto en el escombro
de la ruina total del firmamento...

Mas vi la tierra en paz, en paz la altura,
sereno el campo, la corriente pura,
el monte azul y sosegado el viento!...

39

José Gorostiza

LA ORILLA DEL MAR

No es agua ni arena
la orilla del mar.

El agua sonora
de espuma sencilla,
el agua no puede
formarse la orilla.

Y porque descanse
en muelle lugar,
no es agua ni arena
la orilla del mar.

Las cosas discretas,
amables, sencillas;
las cosas se juntan
como las orillas.

Lo mismo los labios,
si quieren besar.
No es agua ni arena
la orilla del mar.

Yo sólo me miro
por cosa de muerto;
solo, desolado,
como en un desierto.

A mí venga el lloro,
pues debo penar.
No es agua ni arena
la orilla del mar.

(De *Canciones para cantar en las barcas*)

ROMANCE

La niña de mi lugar
tiene de oro las cejas,
y en la mirada, desnudas,
las luces de las luciérnagas.

¿Has visto pasar los barcos
desde la orilla?
       Recuerdan
sus faros malabaristas,
verdes, azules y sepia,
que tu mirada trasciende
la oscuridad de la niebla
y, más aún, la ilumina
a punto de trasparencia.

¿Has visto flechar las garzas
a las nubes?
      Me recuerdan
si diste al aire los brazos
cuando salimos de tierra,
y el biombo lila del aire
con tus adioses se llena.

Y si cantas —¡canta sí!—
tu voz anula mi ausencia;
mástiles, jarcias y viento
se confunden con tan lenta
sencilla sonoridad,
con tan pausada manera,
que no sería más claro
el tañido de una estrella.

Robinsón y Simbad, náufragos
incorregibles, mi queja
¿a quién le podré confiar
s. no a vosotros, apenas?
Que yo naufragara un día.
¡Las luces de las luciérnagas
iban a licuarse todas
en un hilo de agua tierna!

(De *Canciones para cantar en las barcas*)

40

Manuel Gutiérrez Nájera

PARA EL CORPIÑO

Las campánulas hermosas
¿Sabes tú qué significan?
Son campanas que repican
en las nupcias de las rosas.
—Las campánulas hermosas
son campanas que repican!

¿Ves qué rojas son las fresas?
Y más rojas si las besas . . . !
¿Por qué es rojo su color?
Esas fresas tan suaves,
son la sangre de las aves
que asesina el cazador!
Las violetas pudorosas,
en sus hojas escondidas
las violetas misteriosas,
son luciérnagas dormidas.
¿Ves mil luces cintilantes
tan brillantes cual coquetas,
nunca fijas, siempre errantes?
. . . ¡Es que vuelan las violetas!
La amapola, ya es casada;
cada mirto es un herido;
la gardenia inmaculada
es la blanca desposada
esperando al prometido!

Cuando flores tú me pides
yo te mando "¡no me olvides!"
Y esas flores pequeñitas
que mi casto amor prefiere,
a las blancas margaritas
les preguntan: ¿no lo quiere?—
"¡No me olvides!" Frescas flores
te prodigan sus aromas
y en tus hombros seductores
se detienen las palomas.
No hay invierno! No hay tristeza
con amor, Naturaleza
todo agita, todo mueve...
luz difunde, siembra vidas...
¿Ves los copos de la nieve?
¡Son palomas entumidas!
Tiene un alma cuanto es bello;
los diamantes,
son los trémulos amantes
de tu cuello!
La azucena que te envío
es novicia que profesa,
y tu boca es una fresa
empapada de rocío:

  Buenos dioses tutelares
¡dadme ramos de azahares!

  ...Si me muero, dormir quiero
bajo flores compasivas...
¡Si me muero, si me muero,
dadme muchas siempre vivas!

LA DUQUESA JOB

A Manuel Puga y Acal.

En dulce charla de sobremesa,
mientras devoro fresa tras fresa
y abajo ronca tu perro Bob;
te haré el retrato de la duquesa
que adora, a veces, el duque Job.

No es la condesa que Villasana
caricatura, ni la poblana
de enagua roja, que Prieto amó;
no es la criadita de pies nudosos,
ni la que sueña con los gomosos
y con los gallos de Micoló.

Mi duquesita, la que me adora,
no tiene humos de gran señora:
es la griseta de Paul de Kock.
No baila **Boston**, y desconoce
de las carreras el alto goce,
y los placeres del **five o'clock**.

Pero ni el sueño de algún poeta,
ni los querubes que vio Jacob,
fueron tan bellos cual la coqueta
de ojitos verdes, rubia griseta
que adora a veces el duque Job.

Si pisa alfombras, no es en su casa;
si por Plateros alegre pasa
y la saluda Madam Marnat,
no es, sin disputa, porque la vista;

sí porque a casa de otra modista
desde temprano rápida va.

No tiene alhajas mi duquesita,
pero es tan guapa y es tan bonita,
y tiene un cuerpo tan **v'lan** tan **pschutt,**
de tal manera trasciende a Francia
que no la igualan en elegancia
ni las clientes de Hélene Kossut.

Desde las puertas de la Sorpresa
hasta la esquina del Jockey Club,
no hay española, yankee o francesa,
ni más bonita, ni más traviesa
que la duquesa del duque Job.

¡Cómo resuena su taconeo
en las baldosas! ¡Con qué meneo
luce su talle de tentación!
¡Con qué airecito de aristocracia
mira a los hombres, y con qué gracia
frunce los labios! —¡Mimí Pinson!

Si alguien la alcanza, si la requiebra,
ella, ligera como una cebra,
sigue camino del almacén;
pero ¡ay del tuno si alarga el brazo!
¡Nadie le salva del sombrillazo
que le descarga sobre la sien!

¡No hay en el mundo mujer más linda!
Pie de andaluza, boca de guinda,
Esprit rociado de Veuve Clicquot;
talle de avispa, cutis de ala,
ojos traviesos de colegiala
como los ojos de Louise Theo.

Agil, nerviosa, blanca, delgada,
media de seda bien restirada,
gola de encaje, corsé de ¡crac!
nariz pequeña, garbosa, cuca,
y palpitantes sobre la nuca
rizos tan rubios como el cognac.

Sus ojos verdes bailan el tango;
nada hay más bello que el arremango
provocativo de su nariz!
Por ser tan joven y tan bonita,
cual mi sedosa, blanca gatita,
diera sus pajes la emperatriz.

¡Ah! tú no has visto cuando se peina,
sobre sus hombros de rosa reina
caer los rizos en profusión!
Tú no has oído qué alegre canta,
mientras sus brazos y su garganta
de fresca espuma cubre el jabón!

¡Y los domingos...! ¡Con qué alegría
oye en su lecho bullir el día
y hasta las nueve quieta se está!
¡Cuál se acurruca la perezosa,
bajo la colcha color de rosa,
mientras a misa la criada va!

La breve cofia de blanco encaje
cubre sus rizos, el limpio traje
aguarda encima del canapé;
altas, lustrosas y pequeñitas,
sus puntas muestran las dos botitas,
abandonadas del catre al pie.

Después ligera, del lecho brinca,
¡oh, quién la viera cuando se hinca
blanca y esbelta sobre el colchón!
¿Qué valen junto de tanta gracia
las niñas ricas, la aristocracia,
ni mis amigas de cotillón?

Toco; se viste; me abre; almorzamos;
con apetito los dos tomamos
un par de huevos y un buen beefsteak,
media botella de rico vino,
y en coche juntos, vamos camino
del pintoresco Chapultepec.

. . . .
. . . .

Desde las puertas de la Sorpresa
hasta la esquina del Jockey Club,
no hay española, yankee o francesa,
ni más bonita ni más traviesa
que la duquesa del duque Job!

A UN TRISTE

¿Por qué de amor la barca voladora
con ágil mano detener no quieres,
y esquivo menosprecias los placeres
de Venus, la impasible vencedora?

A no volver los años juveniles,
huyen como saetas disparadas
por mano de invisible Sagitario;
triste vejez, como ladrón nocturno.

sorpréndenos sin guarda ni defensa,
y con la extremidad de su arma inmensa
la copa del placer vuelca Saturno.

¡Aprovecha el minuto y el instante!
Hoy te ofrece rendida la hermosura
de sus hechizos el gentil tesoro,
y llamándote ufana en la espesura,
suelta Pomona sus cabellos de oro.

En la popa del barco empavesado
que navega veloz rumbo a Citeres,
de los amigos del clamor te nombra,
mientras, tendidas en la egipcia alfombra,
sus crótalos agitan las mujeres.

Deja, por fin, la solitaria playa,
y coronado de fragantes flores
descansa en la barquilla de las diosas!
¿Qué importa lo fugaz de los amores!
¡También expiran jóvenes las rosas!

41

Roberto Guzmán Araujo .

CUADRO

Altas nieves del sueño a la Intocada
jazmines la dejaron por corona;
el armiño a sus sienes no blasona
ni es gemela al cabello la alborada.

No sé si de leer está cansada
con fatiga de siglos la Madona.
Un libro entre sus manos aprisiona
tal ave entre dos juncos enredada.

Tanta luz la miré en la línea pura,
en la quieta color tanto armisticio
que cautivo me hallé de su hermosura.

Mas no todo en el cuadro fue artificio.
Sonriente la visión cambió postura.
¿Por qué será el soñar mi único oficio?

42

Alberto Herrera

VOCES INFANTILES

Para mi hijo Alberto.

Amo las voces, las argentinas,
las que por frescas y cristalinas
son como alegre repiqueteo,
las que semejan el parloteo
de una bandada de golondrinas.

Amo las voces de timbre de oro
que se desgranan como un tesoro
en explosiones de francas risas;
voces aladas como las brisas,
voces de alegre timbre sonoro.

Amo las voces cuya cadencia
es blando arrullo de la inocencia;
las vocecitas cuyos cantares
son como el himno de los hogares,
—templos .de oro de la existencia—

Amo las voces enrevesadas,
las que con frases enmarañadas
y sin temores por el hogaño,
forman con ritmo dulce y extraño
la algarabía de las nidadas.

Amo las voces que caen graciosas
como una fresca lluvia de rosas;
voces que arrullan o que aletean
y que alocadas revolotean
como un enjambre de mariposas.

Amo las voces cuya armonía
es bulliciosa clarinería;
voces aladas, voces locuelas,
como un repique de castañuelas
en el tablado de la alegría.

Amo las voces alborozadas
que se despeñan en carcajadas;
voces augustas, voces benditas
que son anuncios de cabecitas
de crenchas blondas y ensortijadas.

La vida es triste: cruel desencanto
pone en las almas hiel de quebranto,
y si me agobian los sinsabores,
cuando al embate de los dolores
en mis pupilas asoma el llanto;

Busco las voces, las argentinas,
las que por frescas y cristalinas
son como alegre repiqueteo,
las que semejan el parloteo,
de una bandada de golondrinas;

y hallo en su charla, viva y locuela,
la paz sublime que mi alma anhela,
y surge y se alza de mi memoria,
como en un sueño triunfal de gloria,
algo muy tierno que me consuela.

¡Dulce hijo mío, ven que te adoro,
que de tus risas estalle el coro,
que se desgrane tu voz bendita
mientras que beso tu cabecita
de ensortijados bucles de oro!

43

Juan B. Híjar y Haro

A UN LUCERO

A mi inspirado amigo Manuel M. Flores.

¡Atrás, atrás magníficos salones,
música, baile, cantos del festín;
irritado huracán de las pasiones,
dejadme solo delirar sin fin!

Dejadme delirar: busco el misterio,
el bosque, el templo, el solitario mar,
la calma del sepulcro, el cementerio,
la lámpara que alumbra en el altar.

¡Allá lejos de mí... quedad aparte,
sueños de amor y mundanal placer!
Genios del siglo espléndido en el arte
¿dónde la dicha está de nuestro ser?

¿Dónde el secreto encanto del deseo
que hace la gloria humana presentir?
¿Es un mundo que engendra el devaneo
y que transforma en humo el porvenir?

Vuelvan a mí los cándidos hechizos
de mis hermosas noches de ilusión,
cuando de Laura en los sedosos rizos
volaba enamorado el corazón.

Volvedme; pero... ¡qué!... ¡Bastardo empeño!
¿Quién vuelve la inocencia y la virtud?...
¡Sueño es la dicha, la esperanza sueño,
sólo es verdad eterna el ataúd!

Allí los aires con aplauso atruenan
tal vez soñando la ventura hallar;
allá las arpas de la fiesta suenan,
aquí bramando se revuelca el mar.

Suenan las arpas ¡ay! mientras rebosa
en mi sediento labio amarga hiel:
¡Música de tristeza dolorosa...
para pintar tristezas no hay pincel!

Allí entre palmas, flores y banderas
ostentan cien fanales su esplendor:
allá en el campo azul de las esferas
rueda n silencio el astro de mi amor.

Cuántas noches de Laura entre los brazos
su luz tranquila resbalando vi,
entre los dulces inocentes lazos
que para siempre, por mi mal rompí...

¡Oh, tú, blanco lucero de la aurora,
tú, que miras mi amargo padecer,
ven y con sombras pálidas colora
el recuerdo infeliz de esa mujer!

Es verdad que la amaba: en desvarío,
la di como un pagano adoración;
siempre para ella tuvo el labio mío
palabras de ternura y bendición;

mas vino a mí la realidad traidora
y al viento di, sin compasión, la fe...
¡Cuánto la dicha, oh Dios, cuánto se llora,
cuánto se llora cuando ya se fue!

Si he de vivir así, muriendo solo,
si a Laura dije para siempre adiós,
¡por que insensato la existencia inmolo
de un quimérico bien corriendo en pos!

En profundo abandono y desencanto
siento mi vida lánguida correr:
el alma triste sumergida en llanto
deja sus alas con dolor caer.

Pero hasta aquí: no quiero ya memorias
que alegre el pecho torne a palpitar;
el mundo es un serrallo y nuevas glorias
en cada seno volveré a encontrar.

Venid las que sabéis mentir amores,
ceñid de mi frente mustia de laurel
fácil así resbalará entre flores
de la existencia el rápido bajel.

Dejad que hiera al viento conmovido
el eco ardiente de viril canción:
yo busco en vuestros brazos el olvido
de mi mortal verdugo, el corazón.

¡Qué importa el fallo del destino adverso,
ni qué del mundo hipócrita el desdén!
Al través de una copa, el universo
es un templo de gloria, es un edén.

Dejadme, por piedad, en dulces lazos,
en vuestro seno férvido morir:
quiero expirar rendido en vuestros brazos...
¡Dios es amor... la muerte del porvenir!

. . . .

Vino, caricias, cantos y placeres
hasta agotar la última ilusión:
música, baile, angélicas mujeres,
¡Adiós quedad... murió mi corazón!

Si la tierra es un mar, triste lucero,
donde navega el alma combatida,
al resbalar la barca de mi vida
tu alumbrarás mi rumbo en ese mar;
tú alumbrarás en mi camino incierto
los fúnebres rompientes del bajío
y al tragarse las olas mi navío
tú mi postrera luz también serás.

Venid recuerdos de mi edad primera,
de infantiles delirios y alegrías;
aire de aquellos venturosos días
último beso del materno adiós...
Pero ¡qué son esos recuerdos!
¡Humo fugaz de la extinguida gloria!
El presente es la tumba de una historia
que creímos eterna en la ilusión.

Blando concierto de sentidas flautas
regios salones, mágicos espejos,
quedad del alma para siempre lejos,
que a mí me lleva a la ventura el mar.
Primaveral mañana de mi vida;

Aurora de mi ser, siempre risueña...
¡Cuán triste es despertar cuando se sueña
del Paraíso en el feliz umbral.

Soñé un momento y me sentí dichoso,
abrí los ojos y lloré despierto...
¡Por qué si llevo el corazón ya muerto
despierto en el erial de la razón!
Partióse la visión de los encantos,
y emblanqueció su sombra mi cabeza...
¡Ay, en mis horas de mortal tristeza
a ti me vuelvo, Omnipotente Dios.

44

Francisco A. de Icaza

LAS REJAS

Es un poeta el viento; tiene en las rejas
la más extensa gama de las canciones;
la serie indefinida de vibraciones
que va desde las risas hasta las quejas.

Si azota la ventana del alto fuerte,
como sangrienta mano firme se agarra,
y cual bordón de bronce truena la barra,
con épicas estrofas de gloria y muerte;

si mece las guirnaldas de enredadera,
que en la rústica reja buscan auxilio
para escalar el muro, canta un idilio
impregnado de aromas de primavera.

Al rozar los dibujos de ferrería,
de gótica ventana gala y afiance,
renueva las historias de algún romance
de las gestas de antigua caballería;

la mata de claveles, inquieto, sopla
en la reja andaluza; la flor bermeja,
con sus labios de grana, toca la reja,
y del beso furtivo nace la copla.

Llega de las prisiones hasta el encierro;
en la ventana estrecha donde respira

117

y toma luz la celda, forma una lira
y le pone por cuerdas barras de hierro.

Yo conozco esas notas; sé que en las rejas
tiene el viento la gama de las canciones
y recorre la serie de vibraciones
que va desde las risas hasta las quejas.

45

Alfonso Junco

ESCONDITE

Caminito de infancia
viniste a tomar,
y a las escondidas
te encanta jugar.

Corres, te me escabulles,
yo te voy, anheloso, a buscar...
¡y más fresco, y más niño, y más mío
te descubro después de indagar!

Tienes un preferido escondite
que tu ingenua malicia toma y vuelve a tomar.
¿No ves que te traiciona lo blanco y lo bermejo
que te notó la niña del Cantar?...

Perdiste en el juego.
Te encontré y no te vuelvo a dejar.

...¡Y cómo te gusta,
perdiendo, ganar!...

46

Francisco de A. Lerdo

A LUZ

¿Por qué tan temprano llegan
las aves a mi ventana,
y con su canto pretenden
quitar el luto a mi estancia?
¿No saben que en esta fecha,
que es tanto para mí grata,
estoy solo con mi duelo,
y solo con mi desgracia?
¿No advierten que de tinieblas
circuida tengo el alma,
pues di la luz de mis ojos
por el sol de una mirada?
¿No ven que vivo muriendo?
¿No están palpando mis ansias?
¿No saben que ausente de ella
mi corazón se acobarda?
Entonces, ¿por qué dejaron
el nido que amores guarda,
y vienen a ver al triste
que llora cuando ellos cantan?
. . . .

Dirijan pronto su vuelo
hacia la tierra lejana,
donde quedó la que adoro,
donde está la que me ama.
Y si quieren las caricias
de la que es mi soberana,
díganla que las envío
con el recuerdo de mi alma.

47

Manuel Lizarriturri

A JUAN DÍAZ COVARRUVIAS [1]

Cuando por tu saber brillabas tanto
y te daba sus lauros Poesía,
en negra noche, horrenda tiranía
secó tus flores y apagó tu canto.

Tu verdugo, mirando con espanto
tu cuerpo yerto en la tiniebla fría,
proscrito esconde su crueldad sombría
mientras aquí te damos culto y llanto.

Cayó sobre tu fosa el cuerpo inerte
y el nombre augusto recogió la historia
y el pueblo fue a vengarse de tu muerte

México rinde culto a tu memoria,
y eres hoy por tu vida y por tu muerte
ídolo de la patria y de la gloria.

---

[1] Sacrificado por una facción política el 11 de abril de 1859.

48

Ramón López Velarde

HERMANA, HAZME LLORAR...

Fuensanta:
dame todas las lágrimas del mar.
Mis ojos están secos y yo sufro
unas inmensas ganas de llorar.

Yo no sé si estoy triste por el alma
de mis fieles difuntos
o porque nuestros mustios corazones
nunca estarán sobre la tierra juntos.

Hazme llorar, hermana,
y la piedad cristiana
de tu manto inconsútil
enjúgueme los llantos con que llore
el tiempo amargo de mi vida inútil.

Fuensanta:
¿tú conoces el mar?
Dicen que es menos grande y menos hondo
que el pesar.
Yo no sé ni por qué quiero llorar:
será tal vez por el pesar que escondo,
tal vez por mi infinita sed de amar.

Hermana:
dame todas las lágrimas del mar...

(De *La sangre devota*)

49

Fernando Luna y Drusina

MARINAS

I

Ya dejó el puerto el navío
y en él mi amada se va;
¡ay! ¿hasta cuándo, Dios mío,
hasta cuándo volverá?

II

El puerto está engalanado,
ya la nave va a llegar;
¿por qué siento, acongojado,
mi corazón desmayar?

Al ver que no desembarca
la que espero con afán,
subo al puente de la barca
y así digo al capitán:

—¿Sabéis qué causa mi anhelo?
—Voy vuestra angustia a aumentar:
Ya su alma mora en el cielo,
su cuerpo lo guarda el mar.

*

Cielo azul; tarde serena;
ni un jirón de leve bruma;
estela de blanca espuma
deja al andar **La Ximena,**

barco en que huyendo del mundo
vine a. olvidar mis amores,
que me han dejado, traidores,
tristeza y dolor profundo.

No quiero aquí referir,
por no avivarme la herida,
cómo la ingrata me olvida,
cómo me deja morir,

ni cómo, torpe y liviana,
y hoy le otorga sus mercedes
a otro aprisiona en sus redes,
para olvidarlo mañana.

Baste a explicar mi presencia
en estos rumbos extraños,
que a mis duelos y a mis daños
busco un remedio: la ausencia.

Estamos en alta mar;
y curioso o diligente,
manda el patrón a su gente
el océano sondear.

Grita: —¡Manos a la obra!—
y la empiezan con afán,
mientras queda el capitán
vigilando la maniobra.

Largan cable, y más, y más,
hallar el fondo esperando
y el cable sigue bajando
sin encontrarlo jamás.

—Mucho se alarga, en verdad,—
dice el capitán violento,—
y ya, desatado, el viento
predice la tempestad.

—Dad la obra por terminada,
que es —le dije—, irrealizable;
este mar es insondable,
como el alma de mi amada.

50

Gabriel Méndez Plancarte

VOCACIÓN

Le vi pasar... En la penumbra clara
se dibujaba su gentil silueta
con blancuras de márbol de carrara
y perfiles augustos de profeta.

Le vi pasar... Su corazón llagado
sobre el manto lilial, intacto y leve,
semejaba, de espinas coronado,
rosa de sangre sobre albor de nieve.

Le vi pasar... Llevaba en la pupila
el extraño fulgor de una turquesa
y en su mirada, como el mar tranquila,
palpitaban abismos de tristeza.

Clavó en mis ojos sus azules ojos,
en que puso el dolor sus tintas vagas
y me mostró —como claveles rojos—
la floración de sus divinas llagas.

Y su voz, sobre el ala de la brisa
llegó hasta mí, como cantar de fuente
que dentro el alma absorta se desliza
diáfanamente, silenciosamente...

Iba cantando una canción ignota
de amor y de dolor síntesis pura

y yo sentí vibrar en cada nota
una llamada de viril ternura.

Hablaba de un Amor fuerte y pujante
que en el sendero del dolor florece:
lirio de luz con hojas de diamante
que sólo entre los cardos resplandece.

Quedé suspenso, estremecido y mudo
bajo el prestigio augusto de su verbo:
brisa de paz sobre el oleaje rudo
del hosco mar de mi dolor acerbo.

Y todo pleno del amor sagrado
a Cristo dije: "Seguiré tus huellas!
En el nocturno azul trasfigurado
parpadeaban de asombro las estrellas.

(De *Primicias*)

51

José Monrog

ESFERANZA

¡Qué triste es mi destino!
Soñar, siempre soñar con la esperanza,
sin encontrar jamás, en mi camino,
más que zarzas que barre el torbellino
y el porvenir que se hunde en lontananza

Si encuentro por mi senda
a otro errante viajero de la vida,
en vano espero que mi mal comprenda
y que una mano fraternal me tienda . . .
pasa sin escuchar mi despedida.

Si el alma con dulzura
lágrimas tristes apenada vierte
de mis recuerdos en la tumba obscura,
el olvido rechaza mi ternura
y desprecia ·mis lágrimas la muerte.

Cuando levanta al cielo
mi espíritu la vista y a Dios nombra
en medio del amargo desconsuelo,
miro que se alza del obscuro suelo
entre Dios y mi espíritu la sombra.

A veces, fatigado
de tanto combatir, bajo la frente
porque débil me siento y humillado;

pero ¡ay! al recordar cuánto he luchado
me levanto más grande y más creyente.

¿Me vencerá el tormento?
¿Podrá más que mi fe la dura suerte?
mi esperanza, mi Dios, prestadme aliento
y que luchando hasta el postrer momento
sólo me venza el golpe de la muerte

52

Amado Nervo

Y EL BUDA DE BASALTO SONREÍA...

Aquella tarde, en la alameda, loca
de amor, la dulce idolatrada mía
me ofreció los claveles de su boca
    Y el Buda de basalto sonreía...

Otro vino después, y sus hechizos
me robó... La di cita y en la umbría
nos trocamos epístolas y rizos.
    Y el Buda de basalto sonreía...

Hoy hace un año del amor perdido;
al sitio vuelvo, y como estoy rendido
tras largo caminar trepo a lo alto
del zócalo en que el símbolo reposa.
Derrotado y sangriento muere el día,
y en los brazos del Buda de basalto
me sorprende la luna misteriosa
    Y el Buda de basalto sonreía...

           (De *El éxodo y las flores del camino*)

EN PAZ

Muy cerca de mi ocaso, yo te bendigo, Vida,
porque nunca me diste ni esperanza fallida
ni trabajos injustos, ni pena inmerecida.

Porque veo al final de mi rudo camino
que yo fui el arquitecto de mi propio destino;
que si extraje las mieles o la hiel de las cosas,
fue porque en ellas puse hiel o mieles sabrosas:
cuando planté rosales coseché siempre rosas.

...Cierto, a mis lozanías va a seguir el invierno:
¡mas tú no me dijiste que mayo fuese eterno!
Hallé sin duda largas las noches de mis penas;
mas no me prometiste tú sólo noches buenas,
y en cambio tuve algunas santamente serenas...

Amé, fui amado, el sol acarició mi faz.
¡Vida, nada me debes! ¡Vida, estamos en paz!

53

José Novelo

A UN POETA

¿A qué gemir? La nota plañidera
del canto calle en tu dorada lira.
Es plena primavera;
fulgor de aurora en los espacios gira;
un nectario pomposo es la pradera;
el sol alegre, gigantesca pira;
y en el vasto y risueño panorama
todo alienta, se agita, bulle y ama.

Era un capullo hermoso que encerraba
la esencia virginal de los amores...
Y el cielo la tronchó... ¡Cuando aun no daba
la flor de su beldad miel a las flores!

¡La vida! ¿Qué es la vida? Nave rota
que por vientos contrarios combatida
sobre un océano sin riberas flota...
Sin tregua sacudida,
en miserable escarnio se convierte
de las revueltas olas,
y al fin zozobra en brazos de la muerte.

Mas ¿qué importa? Son nubes fugitivas
los humanos dolores.
Presto la luz en explosiones vivas
disipará los lúgubres negrores.
La flor lozana que rodó en el suelo

marchita, su perfume
purísimo dio al cielo . . .
Tu faz radiosa al cielo se levante,
y tu estrofa de mármol
el perfume inmortal celebre y cante.

54

Salvador Novo

GLOSA INCOMPLETA SOBRE UN TEMA DE AMOR

Dentro de estos cuatro muros
pretendí ocultar mi dicha:
pero el fruto, pero el aire
¿cómo me los guardaría?

Hora mejor que pospuse,
camino que no elegí,
voces que eran para mí,
destino que no dispuse
¡cómo os volvisteis oscuros!
¡qué amargo vuestro sabor
cuando os encerró mi amor
dentro de estos cuatro muros!

Entre tu aurora y mi ocaso
el tiempo desparecía
y era nuestra y era mía
sangre, labio, vino y vaso.
En perdurar se encapricha
mi sombra junto a tu luz
y bajo negro capuz
pretendí ocultar mi dicha.

Pero el fruto, pero el aire,
pero el tiempo que no fluya,
pero la presencia tuya
fuerte, joven, dulce, grande;

sangre tuya en vena mía,
lazos a instantes maduros,
dentro de estos cuatro muros
¿cómo me los guardaría?

(De *Nuevo amor*)

55

Francisco M. de Olaguíbel

PROVENZAL

A Carlos Díaz Dufoo

El viento de la tarde trémulo agita
del platëado olivo la fronda cana,
y del mar rumoroso la voz lejana
bajo el cielo de estío canta y palpita.

Sólo turba el silencio de la infinita
soledad de esa hora, la soberana
canción que entre los tallos de mejorana,
con escalas salvajes, el viento grita.

Los himnos estridentes de las cigarras
surgen entre las anchas y verdes parras,
se oye el sordo murmullo que en los cantiles
alza, cuando se estrella, la ruda ola
y, guiada por pitos y tamboriles,
pasa, rápida y leve la farandola.

56

Manuel Olaguíbel

LA VUELTA DE LAS GOLONDRINAS

Ella

Las dichas del amor son pasajeras,
vosotros a los prados dais la vida,
devolvedme mi amor, aves viajeras,
devolvedme mi fe, mi fe perdida.

Las aves

Dejamos la aridez y los abrojos
en las regiones de perpetuo hielo.

Ella

Me extraviaron a mí los dulces ojos
de un ser a quien llamaba **ángel del cielo**.

Las aves

Volvemos a habitar nuestra pradera,
venimos presagiando la alegría.

Ella

¡Oh! ¡quién me volverá la primavera,
las flores y la fe del alma mía! ...

57

Francisco de P. Ortiz

PÁGINAS SIN NOMBRE

I

Hay entrambos un abismo
imposible de salvar,
tú eres la luz de la aurora
y yo soy la obscuridad.

Tú eres·la caliente brisa
que da la vida al pasar,
y yo soy el viento helado
que arrastra a la eternidad.

Tú eres la flor más hermosa
del ameno florestal,
y yo el sauz cuyas ramas
despedazó el huracán:
tú eres el alma que llega
y yo el alma que se va.

II

¿Por qué me lo dijeron, no sabían
    que me iban a matar?
¡Fue esa mujer la vida de mi vida!
¡Cuánto doblez, qué negra falsedad!

¡Inmóvil me quedé cuando lo supe
    y no pude llorar! ...
¡Mientras estaba mi semblante en calma
bramaba en mi interior la tempestad!

58

Luis G. Ortiz

¡ L L O R A R !

¡Llorar! siempre llorar, lenta agonía
de la vida en el mar, mar proceloso,
donde apenas cintila temeroso
rayo de luz en la tiniebla fría.

Siempre llorar, desde que nace el día,
sin paz, sin sueño y sin hallar reposo;
mas todo lo que llora es muy hermoso,
porque amar es llorar ¡oh vida mía!

Tú amas ¿no es verdad? por eso lloras;
porque al que ama, llorar es un consuelo
de su martirio en las eternas horas.

Ven, la vida es muy triste en este suelo;
mas la dicha vendrá, porque no ignoras
que el amor y el dolor tienen su cielo.

59

Manuel José Othón

UNA ESTEPA DEL NAZAS

¡Ni un verdecido alcor, ni una pradera!
Tan sólo miro, de mi vista enfrente,
la llanura sin fin, seca y ardiente,
donde jamás reinó la primavera.

Rueda el río monótono en la austera
cuenca, sin un cantil ni una rompiente,
y al ras del horizonte el sol poniente,
cual la boca de un horno, reverbera.

Y en esta gama gris que no abrillanta
ningún color; aquí do el aire azota
con ígneo soplo la reseca planta,

sólo, al romper su cárcel, la bellota
en el pajizo algodonal levanta
de su cándido airón de blanca nota.

ANGELUS DOMINI

I

Sobre el tranquilo lago, occiduo el día,
flota impalpable y misteriosa bruma
y a lo lejos vaguísima se esfuma,
profundamente azul, la serranía.

Del cielo en la cerúlea lejanía
desfallece la luz. Tiembla la espuma
sobre las ondas de zafir, y ahúma
la chimenea gris de la alquería.

Suenan los cantos del labriego; cava
la tarda yunta el surco postrimero.
Los últimos reflejos de luz flava

en el límite brillan del potrero
y, a media voz, la golondrina acaba
su gárrulo trinar bajo el alero.

II

Ondulante y azul, trémulo y vago,
el ángel de la noche se avecina,
del crepúsculo envuelto en la neblina
y en los vapores gráciles del lago.

Del Septentrión al murmurante halago
los pliegues de su túnica divina
se extienden sobre el valle y la colina,
para librarlos del nocturno estrago.

Su voz tristezas y consuelos vierte;
humedecen sus ojos de zafiro
auras de vida y ráfagas de muerte.

Levanta el vuelo en silencioso giro
y, al llegar a la altura, se convierte
en oración, y lágrima, y suspiro.

60

Octavio Paz

BAJO TU CLARA SOMBRA

Amor, bajo tu clara sombra quedo,
desnudo de recuerdos y de sueños,
sangre sin voz, latir sediento y mudo.

Como la ciega llama al aire, vivo
en tenso aprendizaje de lucero.
Vivas horas gozadas en tu espera
hacen más puro el verbo de tu nombre.
Bajo tu clara sombra
nacen ojos y manos que se gozan
con la caricia antigua de la tierra.

Amor, dame tu voz,
tu dulce fiera voz, quemante y fresca.
Voces nacidas de tu nombre digan
del renovado imperio de las flautas
y del talón dorado de la danza.
Diga su voz mi voz,
el alma su secreto
y Amor su dulce voz, terrible y pura.

Amor, dame tu voz,
tu dulce voz quemante, que destruye.
¿Cómo dirás su carne, que se dora
al vegetal incendio de su pelo,
la voz con que saluda al verde día,
el delirante mármol de la falda,

sereno torbellino de la gracia,
el aire estremecido, la luz noble,
límites vivos de su geometría,
y la serpiente tímida del pelo
ahogando, suave, la garganta?

Amor, dame tu voz, quemante y fresca,
tu voz que me destruye y resucita,
el reino de las flautas y la danza,
la palabra del goce de la tierra.

(De *Bajo tu clara sombra*)

61

Carlos Pellicer

DESEOS

Trópico, ¿para qué me diste
las manos llenas de color?
Todo lo que yo toque
se llenará de sol.
En las tardes sutiles de otras tierras
pasaré con mis ruidos de vidrio tornasol.
Déjame un solo instante
dejar de ser grito y color.
Déjame un solo instante
cambiar el clima del corazón,
beber la penumbra de una casa desierta,
inclinarme en silencio sobre un remoto balcón,
ahondarme en el manto de pliegues finos,
dispersarme en la orilla de una suave devoción,
acariciar dulcemente las cabelleras lacias
y escribir con un lápiz muy fino mi meditación.
¡Oh, dejar de ser un solo instante
el Ayudante de Campo del sol!
¿Trópico, para qué me diste
las manos llenas de color!

(De *Seis, siete poemas*)

62

José Peón Contreras

EN EL APOTEOSIS DEL SABIO QUÍMICO MEXICANO DR. D. LEOPOLDO RÍO DE LA LOZA

¿No basta, patria mía,
que en pavorosa lucha
truene el cañón de la discordia impía,
que aún en los aires resonar se escucha?
¿No basta que sangriento
Marte descubra la altanera frente,
del Norte al Sur, del Este al Occidente,
y fatigado el viento,
del funeral lamento
el eco gemebundo
lleve en sus alas por el ancho mundo?
No basta... ¡no!... La guerra
huye y arma fratricida oculta,
e insaciable a sus víctimas la tierra
en sus entrañas lóbregas sepulta...
¡Más devorar aun quiere!
Hambrienta gira su tenaz mirada
la adusta Parca airada,
y asesta el golpe, y hiere...
¡Y en el hogar tranquilo,
de su feroz guadaña el corvo filo
brilla implacable con tremendo encono.
Allí donde Minerva alzó su trono!
¡Allí donde al estudio doblegado
vimos el hombre al hombre consagrado!
¡En donde su carrera,

perdida para el bien pasó ligera,
tal como suele, en el verano ardiente,
de la dorada mies en la simiente
la benéfica lluvia pasajera!
¡Y él era orgullo del Anáhuac; era
rayo de sol que el bosque fecundiza
arroyo cristalino
que lento se desliza
regando las malezas del camino!
¡Arbol frondoso cuyas verdes ramas
al delicado arbusto
defienden del injusto
y ardiente azote de estivales llamas!
¡Montaña gigantea,
que el virginal tesoro
descubre al cabo, de la luz febea,
en oculto filón, al rayo de oro! . . .
Mas ¡oh traidora suerte!
nada contuvo de la horrible muerte
la irresistible saña . . .
Se allanó la montaña;
velóse el rayo de la luz divina;
perdió su cauce el agua cristalina;
y de la tempestad al eco ronco,
a tierra vino el formidable tronco.
Así al cielo le plugo.
¡Era mortal! . . . ¡Y al poderoso yugo,
mísera humanidad, estás sujeta!
como el débil infante, el fuerte atleta
al rudo golpe sucumbir debía.
Y por eso lloráis . . . los que algún día
pendientes de su labio,
escuchasteis su acento;
los que en torno del sabio,
cultivabais las flores del talento.
Todos juntos aquí . . . si el pecho late,

late por él acongojado y triste;
que es triste ver al sol cuando desmaya,
cuando crespones funerales viste,
y hunde la frente en la remota playa.
Breves horas no más... De noche augusta
el carro rueda en la tiniebla fría...
Pronto la densa obscuridad sombría
se rompe, se deshace, se colora...
Plácida luz los horizontes dora...
Se enciende en refulgente llamarada
la atmósfera apagada,
asoma en el oriente
del astro-rey la majestuosa frente;
tiembla al vivo fulgor la Parca herida,
y huye del templo de la eterna vida;
girando se revuelve,
deja al pasar su cineria huella,
y en ese bronce helado
¡sus negras alas para siempre estrella!
¡Iérguete altiva de las ciencias Diosa!
Ora venimos a rasgar el velo
que ayer cubrió tu frente victoriosa:
ayer cruzando la encumbrada ruta.
que de ciprés marchito
y funeral crespón la patria enluta...
Florezca el lauro que tu sien corona,
emprende altiva el prodigioso vuelo,
y el eslabón que al mundo te aprisiona,
caiga en pedazos destrozado al suelo.
Caiga... y tus alas remontando al cielo,
coronada de luz, el claro nombre
del varón inmortal, Minerva aclama;
¡tu voz el hielo de los tiempos rompa!
¡Y eternice la fama
el eco augusto en la sonora trompa,

63

Juan de Dios Peza

NIEVE DE ESTÍO

Como la historia del amor me aparta
de las sombras que empañan mi fortuna,
yo de esa historia recogí esta carta
que he leído a los rayos de la luna.

Yo soy una mujer muy caprichosa
y que me juzgue a tu conciencia dejo,
para poder saber si estoy hermosa
recurro a la franqueza de mi espejo.

Hoy, después que te ví por la mañana,
al consultar mi espejo alegremente,
como un hilo de plata vi una cana
perdida entre los rizos de mi frente.

Abrí para arrancarla mis cabellos
sintiendo en mi alma dolorosas luchas,
y cuál fue mi sorpresa, al ver en ellos
esa cana crecer con otras muchas.

¿Por qué se pone mi cabello cano?
¿Por qué está mi cabeza envejecida?
¿Por qué cubro mis flores tan temprano
con las primeras nieves de la vida?

No lo sé. Yo soy tuya, yo te adoro,
con fe sagrada, con el alma entera;
pero sin esperanza sufro y lloro;
¿tiene también el llanto primavera?

Cada noche soñando un nuevo encanto
vuelvo a la realidad desesperada;
soy joven, es verdad, mas sufro tanto
que siento ya mi juventud cansada.

Cuando pienso en lo mucho que te quiero
y llego a imaginar que no me quieres,
tiemblo de celos y de orgullo muero;
(Perdóname, así somos las mujeres).

He cortado con mano cuidadosa
esos cabellos blancos que te envío;
son las primeras nieves de una rosa
que imaginabas llena de rocío.

Tú mes has dicho: "De todos tus hechizos,
lo que más me cautiva y enajena,
es la negra cascada de tus rizos
cayendo en torno de tu faz morena".

Y yo, que aprendo todo lo que dices,
puesto que me haces tan feliz con ello,
he pasado mis horas más felices
mirando cuán rizado es mi cabello.

Mas hoy, no elevo dolorosa queja,
porque de tí no temo desengaños;
mis canas te dirán que ya está vieja
una mujer que cuenta veintiún años.

¿Serán para tu amor mis canas nieve?
Ni a suponerlo en mis delirios llego.
¿Quién a negarme sin piedad se atreve
que es una nieve que brotó del fuego?

¿Lo niegan los principios de la ciencia
y una antítesis loca te parece?
pues es una verdad de la experiencia:
cabeza que se quema se emblanquece.

Amar con fuego y existir sin calma;
soñar sin esperanza de ventura,
dar todo el corazón, dar toda el alma
en un amor que es germen de amargura.

Buscar la dicha llena de tristeza
sin dejar que sea tuyo el hado impío,
llena de blancas hebras mi cabeza
y trae una vejez: la del hastío.

Enemiga de necias presunciones
cada cana que brota me la arranco,
y aunque empañe tus gratas ilusiones
te mando, ya lo ves, un rizo blanco.

¿Lo guardarás? Es prenda de alta estima
y es volcán este amor a que me entrego;
tiene el volcán sus nieves en la cima,
pero circula en sus entrañas fuego.

64

José M. Pino S.

GLORIA VICTIS

A Juan de Dios Peza

No me arredra la lucha gigantea
de la batalla de la vida al toque:
del duro hierro al palpitante choque
la excelsa luz del pedernal chispea.

No el embate sufrir en la pelea:
del cincel a los golpes en el bloque,
surge la estatua, y al gentil retoque
del augusto pincel, brota la idea.

No importa, no, que entre la vil escoria
altivo gladiador hunda la frente,
con destellos de luz, aún, en la mente,
con ensueños de amor, aún, en el alma...
si, vencido, corónase de gloria
y de mártir conquístase la palma.

65

Alfredo R. Placencia

COSAS

Tiene Dios unas cosas...
¿Tal como siembra Él habrá quien siembre?
La colina era estéril y está llena de rosas,
está llena de rosas en el mes de diciembre.

Tiene el indio unas cosas...
Tal como el indio huye ¿habrá quien huya
de una Virgen que sale con un puño de rosas
a su encuentro y le dice: "Yo te amo, soy tuya"?

Tengo unas cosas yo, tengo unas cosas
de inspirar compasión. ¿No habrá quien siembre
sobre mis huesos áridos algunas cuantas rosas?
¡Oh, qué frío está haciendo! Está helando diciem-
(bre.

Tiene unas cosas Ella... Por Dios Santo,
qué cosas...
Yo me vuelvo desdén. Ella entretanto
sin cesar me persigue con su puño de rosas.

Por Dios Santo,
qué cosas...
Él y Ella ¿qué harán con esas rosas?
Y yo, sin esas rosas ¿cómo aguanto?

(De *El libro de Dios*)

66

Antonio Plaza

G O T A S   D E   H I E L

Fragmentos

Entre las sombras vegetando vivo
sin que una luz ante mis ojos radie,
e indiferente mi existir maldigo,
sin creer en nada, sin amar a nadie.

,Para mí la esperanza está perdida;
nada me importa mi futura suerte,
ni tiene objeto para mí la vida,
que al corazón se anticipó la muerte.

A nadie importa mi dolor eterno,
y vago triste, descreído, aislado,
como vaga en los antros del infierno
el ¡ay! desgarrador del condenado.

Mis horas de sufrir son infinitas,
horas que el alma de ponzoña llenan,
horas de mi expiación, horas malditas,
que en el reloj de los infiernos suenan.

¡Ilusiones! ¡Amor! fue necesario
que os marcheis al fin, pero no os siento;
¡lentejuelas pegadas al sudario!
¡Pedazos de oropel que barre el viento!

Ya sin amor, y con la fe extinguida,
me burlo de las iras de mi suerte;
¡qué carnaval tan necio el de la vida!
¡Qué consuelo tan dulce el de la muerte!

67

Manuel Ponce

LA SIESTA DE LA ROSA

¡Pobre de mí, que sé lo que es la rosa,
éxtasis en los páramos del día:
lo que es la llama, pero llama fría,
lo que más huye cuanto más se acosa.

Siempre que surjar vidas de la fosa
y se repueble la melancolía
de nuevos ángeles de poesía,
la rosa es la culpable, por hermosa.

Todo en la vida es rosa, ser extraño
que no parece que nos hace daño
y toca en lo más hondo de la llaga.

Todo en la vida es rosa, si es dudosa,
hasta la muerte cuando nos amaga:
sólo la rosa no es mentira, es rosa.

68

Guillermo Prieto

COPLAS SENTIDAS

A Justo Sierra

Blando rumor de consuelo
que a hechizar el alma llega,
cuando sin rumbo navega
bajo tormentoso cielo.

De jazmín dulce perfume,
que atraviesa la prisión
en que herido el corazón,
de tormento se consume.

Claro destello de aurora
que piadoso el cielo envía,
al que por la luz ansía,
y en honda tiniebla llora.

Cielo azul que en lontananza
nuestras miradas alienta,
porque es nada la tormenta
si luce al fin la esperanza.

Dime, encanto seductor,
que el alma y la mente inflamas,
dime; di, --¿cómo te llamas?
—¿Cómo me llaman? Amor.

Hanme dicho que en la cuna
vierte su divino halago,
como sobre manso lago
blanco reflejo de luna.

Dicen que en la juventud
sus alas desplega al viento,
y es embriagador su acento,
aunque no cause inquietud.

Dicen que airado o risueño
nos presenta a la beldad,
huyendo a la realidad,
en los vergeles del sueño.

Dicen que genio se llama
para el que pulsa la lira,
y tiernos cantos inspira,
y almas ardientes inflama.

Dicen que aunque transitoria
su ala ardiente toque al hombre;
le abrasa en sed de renombre
y entonces se llama gloria.

Y que el alma conmovida;
no distingue en su fervor,
a eso que llaman amor,
de lo que llamamos vida.

Que no tenga el campo flor,
ni raudal puro la fuente,
ni el cielo sol refulgente...
como tenga el alma amor.

La vejez sin él ¡Dios mío!
es rambla de triste arena...
es una dura cadena
clavada al sepulcro frío.

Es sentirse el hombre muerto
y hallar en su corazón
las ruinas de un panteón
regadas en un desierto...

Es palpar la realidad
de que en el mundo traidor
todo es farsa y vanidad,
y sólo es cierto el dolor.

Caminante fatigado...
cuán feliz será tu suerte
si te sorprende la muerte,
soñando que eres amado.

69

Ignacio Ramírez

A...

Cuando en brazos de abril sale la aurora
el **ahuehuet** canoso reverdece,
la yerbezuela tímida florece
y su partida Lucifer demora.

Y al contemplarte joven, seductora,
la sonrisa en los labios aparece,
el amor en los ojos resplandece
¿Qué corazón temblando no te **adora**?

Dichosa juventud, que puede osada
sorprenderte, bajarte de tu altura,
y con rosas llevarte encadenada.

Acepta esta efusión ardiente y pura;
me detengo a las puertas de la nada
por celebrar, amiga, tu hermosura.

70

Efrén Rebolledo

VOTO

Destaparé mis ánforas de esencia
y prenderé mis candelabros de oro
cuando la diosa pálida que adoro
llene mi soledad con su presencia.

En su pelo de blonda refulgencia
y en su labio odorífico y sonoro
hay el fulgor de un candelabro de oro
y el perfume de un ánfora de esencia.

Vendrá con su ropaje de inocencia
e incitando mi ardor con su decoro,
pero al fin gozaré de su opulencia
en medio de mis ánforas de esencia
y mis ardientes candelabros de oro.

(De *Cuarzos*)

71

Alfonso Reyes

LA TONADA DE LA SIERVA ENEMIGA

Cancioncita sorda, triste,
desafinada canción;
canción trinada en sordina
y a hurtos de la labor,
a espaldas de la señora;
a paciencia del señor;
cancioncita sorda, triste,
canción de esclava, canción
de esclava niña que siente
que el recuerdo le es traidor;
canción de limar cadenas
debajo de su rumor;
canción de los desahogos
ahogados en temor;
canción de esclava que sabe
a fruto de prohibición:
—toda te me representas
en dos ojos y una voz.

Entre dientes, mal se oyen
palabras de rebelión:
"¡Guerra a la ventura ajena,
guerra al ajeno dolor!
Bárreles la casa, viento,
que no he de barrerla yo.
Hílales el copo, araña,
que no he de hilarlo yo.
San Telmo encienda las velas,

San Pascual cuide el fogón.
Que hoy me ha pinchado la aguja
y el huso se me rompió;
y es tanta la tiranía
de esta disimulación,
que aunque de raros anhelos
se me hincha el corazón,
tengo miradas de reto
y voz de resignación".

Fieros tenía los ojos
y ronca y mansa la voz;
finas imaginaciones
y plebeyo corazón.
Su madre, como sencilla,
no la supo casar, no.
Testigo de ajenas vidas,
el ánimo le es traidor.
Cancioncita sorda, triste,
canción de esclava, canción:
—toda te me representas
en dos ojos y una voz.

(De *Pausa*)

72

Manuel E. Rincón

EN EL BAÑO

Del escondido bosque en la espesura
que cubre a trechos el azul del cielo,
do canta el ave con amante anhelo,
y el aura tibia de placer murmura;

blanca, gentil, radiante de hermosura,
cubierta apenas con ligero velo,
el pie desnudo, destrenzado el pelo,
a Leida vi junto a la fuente pura.

Yo vi copiados en la linfa clara
aquellos sus contornos soberanos,
que de Milo la Venus envidiara;

yo vi de su belleza los arcanos,
y un suspiro lancé; volvió la cara,
y al blanco seno se llevó las manos.

73

Vicente Riva Palacio

EN EL ESCORIAL

Resuena el marmóreo pavimento
del medroso viajero la pisada,
y repite la bóveda elevada
el gemido tristísimo del viento.

En la historia se lanza el pensamiento,
vive la vida de la edad pasada,
y se agita en el alma conturbada
supersticioso y vago sentimiento.

Palpita allí el recuerdo, que allí en vano
contra su propia hiel buscó un abrigo,
esclavo de sí mismo, un soberano
que la vida cruzó sin un amigo;
águila que vivió como un gusano,
monarca que murió como un mendigo.

74

José María Roa Bárcena

A UN CLAVEL

Al ver cuál ostentabas a porfía
en crespas hojas de perfume llenas
el candor de tus árabes arenas
y el rojo de los campos de Pavía;

ya que abatir no pudo en negro día
pendón lunado de hórridas almenas,
Carlos Quinto en las playas agarenas
tu flor y tu simiente recogía.

¡Qué mucho, pues, que en su retiro guste
de la pompa y olor que así te abona,
sin que en su orgullo, acaso, haya advertido

que seguirás brotando como en Yuste
cuando se torne polvo su corona
y de su gloria el sol humo y olvido!

75

Ramón Rodríguez Rivera

EL LABRADOR

El gallo canta, el labrador despierta,
y alegre el tibio lecho abandonando,
mira perderse el matinal lucero,
y al incansable buey unce el arado
que abre los surcos de fecunda tierra.
Gustoso apura el líquido regalo
de blanca leche tibia y espumosa,
que le ofrece en su fuente derramando,
la humilde madre del soberbio bruto.
Su luz difunde por los aires claros
la blanca aurora que en Oriente asoma,
y al colorar los montes y los prados,
despierta a bulliciosas avecillas,
que alegres cantan al mirar de blanco
y de fuego teñido el horizonte,
cual lluvia de oro suspendida en lo alto
por la carrera que en su curso sigue
el que la luz eclipsa de los astros.
Tras la yunta que al gélido rocío
va en riachuelos tornando el lento paso,
sigue el labriego que el hogar dejara,
su esperanza en la fe depositando;
que el premio encuentra el que en la madre tierra
deposita su amor y su trabajo.

Sin dar ya sombras, por el éter puro
flota bañando de candentes rayos
el refulgente luminar del día,

el astro rey de los millares de astros.
La frente humedecida por las gotas
que fertilizan el inculto llano,
el labrador el grano deposita
entre los surcos que trazó el arado:
de allí verá brotar plantas y flores
con los frutos que dulces, sazonados,
serán el alimento de sus hijos
y llenarán la choza y el cercado;
por eso, alegre el labrador, no siente
la lluvia estiva ni el fugaz verano.
Llega la madre de sus tiernos hijos
llevando el refrigerio a su trabajo,
y el sencillo manjar, dulce y sabroso,
recibe con placer de entre sus manos;
luego a la sombra, respirando el fresco,
al pie de un árbol quedan reclinados
sobre la alfombra de mullido césped
en su dicha y su amor siempre soñando.
Con más firmeza a levantarse vuelve,
y de nuevo comienza su trabajo,
contento el corazón, tranquila el alma,
y la conciencia exenta de cuidados,
que el ángel bueno sin cesar le guía,
que huye a sus ojos el arcángel malo.

Ya el sol declina, resplandecen tibios
sobre el Ciltlaltepétl pálidos rayos;
y vuelve el labrador a la cabaña
en busca de su sueño y su descanso;
besa a sus hijos y a su esposa besa,
que a recibirle salen a su paso,
y al guarda fiel de su cabaña toca
acariciando con callosa mano,
y sin temor, tranquilos saborean
el blanco queso y el cabrito asado.

Entretanto, las aves se recogen,
trinando alegres en los verdes ramos
del cedro embalsamado, donde cuelgan
sus nidos de bejuco entrelazado,
y el buey dormita entre la paja seca
o está rumiando en el cubierto establo.
De gracias la oración en coro entonan
al Hacedor de todo lo creado,
y el ángel de los sueños se desprende
del alto cielo hasta llegar al campo,
cubriendo con sus alas la cabaña
para impedir la entrada a los cuidados.

Manto de sombras la callada noche
tendió en silencio por el monte y prado,
y el genio de los campos con sus alas,
de húmedas gotas y perfumes raros,
de brisas vagarosas do la luna
difunde melancólica sus rayos,
al rozar mansamente las colinas,
hace brotar el germinante grano,
y crecer los retoños y planteles,
y cubrirse de fruto los sembrados,
mientras que duerme de inocencia el sueño
el laborioso labrador cansado.
¡Bendita esta existencia encantadora!
¡Dichosa vida la que dan los campos!

76

José Ma. Rodríguez y Cos

EL CADÁVER DE ABEL

Miradle: Hundido en almohadón de grama,
empapado en su sangre purpurina,
yace Abel, con la rosa matutina
que aun su esencia en derredor derrama.

Eva le encuentra, e ¡hijo mío! clama,
y hacia su rostro con amor se inclina,
y besa aquella frente peregrina,
y una vez y otra aún ¡hijo! le llama.

¡Silencio! La infeliz... no... aun no entiende
que son de Abel no más que los despojos....
y le levanta tímida... le extiende

en su regazo. Con sus labios rojos
abre sus labios; todo lo comprende,
y las lágrimas saltan de sus ojos.

77

José Rosas Moreno

¡QUIÉN PUDIERA VIVIR SIEMPRE SOÑANDO!

Es la existencia un cielo,
cuando el alma soñando embelesada,
con amoroso anhelo,
en los ángeles fija su mirada.
¡Feliz el alma que a la tierra olvida
para vivir gozando!
¡Quién pudiera olvidarse de la vida!
¡Quién pudiera vivir siempre soñando!

En esta estrecha y mísera morada
es un sueño engañoso la alegría;
la gloria es humo y nada
y el más ardiente amor gloria de un día.
Afán eterno al corazón destroza
cuando los sueños ¡ay! nos van dejando.
Sólo el que sueña goza.
¡Quién pudiera vivir siempre soñando!

De su misión se olvidan las mujeres,
los hombres viven en perpetua guerra;
no hay amistad, ni dicha, ni placeres;
todo es mentira ya sobre la tierra.
Suspira el corazón inútilmente . . .
la existencia que voy atravesando
es hermosa entre sueños solamente.
¡Quién pudiera vivir siempre soñando!

Sin mirar el semblante a la tristeza,
pasé de la niñez la dulce aurora,
contemplando entre sueños la belleza
de ardiente juventud fascinadora.
Pero ¡ay! se disipó mi sueño hermoso,
y desde entonces siempre estoy llorando
porque sólo el que sueña es venturoso.
¡Quién pudiera vivir siempre soñando!

78

Luis Saint Martín

RAPTO

En la ojiva triunfal de tu ventana
que blasonan escudos medioevales,
reclínate soberbia castellana,
y escucha mis ardientes madrigales.

No desdeñes, egregia soberana,
los ritmos de mis sueños ideales:
¡que en mi espíritu surja la mañana
que fulgura en tus ojos tropicales!

Noble soy; en el cinto porto acero,
y la cruz de Santiago en el justillo
me abona de valiente y caballero;

la mesnada me espera en el rastrillo,
ven: ¡Mi corcel nos llevará ligero
hasta el férreo portón de mi castillo!

79

Francisco Manuel Sánchez de Tagle

CONTRICIÓN POÉTICA

¡Oh lira, que hasta aquí locos amores
en tus vibrantes cuerdas suspiraste,
y dócil a mis voces me ayudaste
a comprar por un goce mil dolores!

Ya que hiciste armoniosos mis errores
y a mi locura seducción prestaste,
herido de otro plectro, da, en contraste,
con acuerdo mejor, tonos mejores.

Llora de los pasados años míos
prolongada maldad, crímenes tantos,
y tan multiplicados desvaríos:

de amarga contrición rige los cantos
en que le pida, con acentos píos,
misericordia al Santo de los Santos.

80

Xavier Santa María

L A S   B R I S A S

Brisas del valle nativo
impregnadas de perfume
aquí donde me consume
la soledad en que vivo;
aquí donde pensativo,
siempre al dolor entregado,
recuerdo un dulce pasado
de ensueños y de delicias,
dad, brisas, al desterrado
vuestras amantes caricias.

Dejad que en mi pecho guarde
vuestro aroma con anhelo,
cuando venís a este suelo
al extinguirse la tarde.

Ya no arde en mi ser, ya no arde
el fuego de la esperanza;
y cual muere en lontananza
el sol de fulgor escaso,
así mi existencia avanza
para llegar a su ocaso.

Murieron todas mis flores,
mis estrellas se apagaron,
y ni siquiera dejaron
sus últimos resplandores.
Herido por los dolores,
desesperado me quejo,
y toda mi dicha dejo

del pasado en el abismo:
soy joven ... ¡y estoy tan viejo!
No me conozco a mí mismo.

Brisas del nativo valle,
volad sobre mi cabeza,
y así tal vez mi tristeza
sus hondas quejas acalle.
No dejéis que me avasalle
tanto la mala fortuna;
y si hay esperanza alguna
de olvidar las penas mías,
suspirad como en los días
en que aromabais mi cuna.

Traed para mi consuelo
algo de esa melodía
que sólo cantar sabía
mi madre que está en el cielo.
Se suspendió vuestro vuelo
al vibrar la voz aquella:
¡Era tan dulce y tan bella!
Brisas, la habéis escuchado,
y yo os pido arrodillado
que murmuréis como ella.

Calmad, calmad este empeño
que aumenta mi desventura,
y al venir la noche obscura
será tranquilo mi sueño.
Entonces, del alma dueño
ese canto bendecido,
evitará que afligido
con mis angustias batalle,
y tornaréis a mi valle,
y me dejaréis dormido.

81

Luis de Sandoval y Zapata

BLANCA AZUCENA...

Blanca azucena que alumbraste el prado
desplegando tu espíritu flamante,
fuiste al alba verdor y al sol diamante,
con voz de aire ruiseñor nevado.

Oro marchito si cristal ajado,
polvo de nieve fue la luz brillante,
para buscar el monumento errante
está lo bello de tu ser alado.

¡Oh en poca plata cándido diluvio!
Un enemigo a tu beldad esquivo
hallaste en el pimpollo que rompiste,

y con la luz de ese veneno rubio,
y con el oro, aun cuando estaba vivo,
la deuda del morir no redimiste.

82

Justo Sierra

PLAYERA

Baje a la playa la dulce niña,
perlas hermosas le buscaré,
deje que el agua durmiendo ciña
con sus cristales su blanco pie . . .

Venga la niña risueña y pura,
el mar su encanto reflejará
y mientras llega la noche oscura
cosas de amores le contará.

Cuando en levante despunte el día
verá las nubes de blanco tul
—como los cisnes de la bahía—
rizar serenos el cielo azul.

Enlazaremos a las palmeras
la suave hamaca y en su vaivén
las horas tristes irán ligeras
y sueños de oro vendrán también.

Y si la luna sobre las olas
tiende de plata bello cendal,
oirá la niña mis barcarolas
al son del remo que hiende el mar,

mientras la noche prende en sus velos
broches de perlas y de rubí,
y exhalaciones cruzan los cielos
lágrimas de oro sobre el zafir!

El mar velado con tenue bruma
te dará su hálito arrullador,
que bien merece besos de espuma
la concha nácar, nido de amor.

Ya la marea, niña, comienza,
ven que ya sopla tibio terral,
ven y careyes tendrá tu trenza
y tu albo cuello rojo coral.

La dulce niña bajó temblando,
bañó en el agua su blanco pie.
después, cuando ella se fue llorando,
dentro las olas perlas hallé.

83

Santiago Sierra

FRAGMENTO DE UN CANTO A MÉXICO

. . . .

Tú, México adorada, casta diosa,
del porvenir brillante desposada,
asciende al solio de la paz, que en ella
espejo encuentre tu mirar de estrella,
madre amorosa, tu alma contristada;
florezcan bajo el trono de tu altura
la labor que en dorada mies se espiga
y **Agave** nectarífero procura;
formen a tu esplendor regia corona
cuantas del campo pródigo ornamento
riquezas da tu predilecta zona;
tienda el penacho al viento
en enhiesto maíz; no se encarcelen
los varios tintes que tu brisa orea,
y en púrpura y azul, la luz febea
recogida en sus témpanos revelen;
pueble el desierto el cactus, que se erige
en duras pencas que al agosto libra,
y ni amor ni vigilia al maya exige
ni rinde parco la flexible fibra;
blanquean como sábanas de nieve
tus bosques de algodón; los cafetales
tiemblen del sol al beso; audaz se eleve
del lago entre los diáfanos cristales
el prolífico arroz; y de tu manto,
que en sombra de cariño al suelo dure,
crezca al amparo santo

la oliva bienhechora
que el laurel a tus plantas trasfigure;
barrera no halle quien tu seno explora
del metal que entre rocas se guarece
por hallar el filón que avaro adora;
del Océano que a tu linde crece
y en su caricia mórbida te estrecha,
sin miedo al turbión eco del caos,
corten la espuma en resonante brecha
tus alígeras naos;
abra sus templos la fabril industria
y torne al ocio en incansable obrero,
la atmósfera se empañe
al soplo del vapor que ruge fiero,
convierta al rayo en fácil mensajero,
y el alma tierna bañe
tu juventud de ciencia en el venero:
sobre el ancho foro
lérgase altivo el Partenón; el arte
con pincel y buril te inmortalice,
brille el sol en tu mágico estandarte
y la gloria en tu cielo se eternice.

84

Agapito Silva

A LA MEMORIA DEL MALOGRADO POETA MANUEL ACUÑA

¡Y eras tú nuestro amigo! Tú el hermano
en cuyo pensamiento se abrigaba
la inspiración del genio americano;

¡Y eras tú el pensador; Tú el que soñaba
la luz y los perfumes de otra vida,
porque esta ingrata vida te cansaba;

tú el que llorando per la fe perdida
de un corazón para la dicha muerto,
pensó en darnos la eterna despedida;

tú el que mirando un porvenir incierto,
buscaste triste, en tu dolor profundo,
la hermosa luz de suspirado puerto.

¿Qué fue de tí? La sociedad y el mundo
¿qué hicieron de tus sueños seductores
al contemplarte solo y moribundo?

La sociedad despedazar tus flores,
el mundo presentarte un imposible,
sin tener compasión de tus dolores...

Y en medio de ese afán fiero y terrible
en que sucumbe el ser que no ha gozado
la calma de un destino bonancible,

dirigiste la vista a tu pasado
y no encontraste entre sus sombras, una
que te hablara el nido abandonado.

Del nido aquel do quiso la fortuna
concederte la dicha soberana
de abrir los ojos para ver tu cuna;

Del nido aquel donde tu madre ufana
esperaba tus besos y tus flores
en la primera, luz de la mañana.

Y luego combatiendo los rigores
del contrario destino, proseguiste
buscando de otro cielo los fulgores;

mas sólo engaños y perfidias viste,
pues fueron para ti, mártir querido,
triste el pasado y el presente triste.

Entonces, ¡ay! a tu dolor rendido,
víctima de la mísera impotencia
y en el infierno de la duda hundido,

sucumbiste, por fin, y la existencia,
luz que al impulso de los sueños arde,
te negó sus fulgores y su esencia,

y sin hacer de tu infortunio alarde
nos dejaste la eterna despedida
en el postrer suspiro de la tarde...

Cruel fue tu pesar... honda la **herida**
que abrieron en tu alma los dolores
que nos ofrece la implacable vida.

¡Qué amarga la ilusióu de tus amores!
¡Esa ilusión que el pensamiento alcanza
en un mundo de estrellas y de flores!

Caíste del vergel de la esperanza,
y al bajar a la tumba, indiferente,
apareció brillante en lontananza

el astro de la gloria refulgente;
astro cuyos fulgores se encendieron
para alumbrar los lauros de tu frente.

Tus blancas ilusiones se perdieron
del desengaño en la región obscura;
pero aquellos que tanto te quisieron,

guardan llenos de amor y de ternura,
del pensamiento en el altar sagrado,
la historia de tu amarga desventura;

y elevan con acento entusiasmado,
de su intenso pesar rasgando el velo,
un himno a tu recuerdo venerado.

Himno que con la voz de nuestro duelo
te lleva de otros mártires la historia,
ya que la gloria te arrulló en su cielo
y habitas hoy el cielo de tu gloria!

85

Rafael Solana

TRES SONETOS

I

Por su esbelta belleza, por su sombra,
por mirar el color de su presencia
y apoyarme en su alterna permanencia
de verde techo y de dorada alfombra,

el árbol cultivé que no se nombra.
Se convirtió su cuerpo en transparencia,
sus hojas y sus frutos en ausencia,
en un charco de luz su fresca sombra.

Su tronco transformóse en luz del día,
su copa se volvió el azul del cielo
y el aire devoró todas sus flores;

fue pura nada, pura Poesía
lo que cuidé y regué con mi desvelo.
Recoge sueños el que siembra amores.

II

Fue como haber tejido a la alborada
una red —cada cuerda era una vena—
y al tirarla a la mar alta y serena
de música y de sol verla inundada.

A la tarde, la mar en retirada,
moribunda la luz, mirar con pena
quedar la mustia red sobre la arena
y entre sus hilos y sus nudos, nada.

Sólo ha quedado al terminar el día,
temblando, sola, cristalina y pura
sobre mis tristes ojos pescadores

—como la que quedó en la red vacía—
una salada gota de amargura.
Recoge sueños el que siembra amores.

III

Envuelta en su purísimo vestido
una rosa de nieve a mi ventana
vino una noche; pero a la mañana
en lágrimas se había derretido.

Una rosa de música a mi oído
bajó también; igual como su hermana
y a la aurora era sólo sombra vana
y silencio cruel y duro olvido.

Una rosa de amor llegó a mi pecho
y lo alegró con risa pajarera;
volví los ojos, y en jardín deshecho

era muerta, no habida, entre otras flores
que fingió la ilusoria primavera.
Recoge sueños el que siembra amores.

86

Xavier Sorondo

EL GALLO CANTA LA FIESTA...

El gallo canta la fiesta
del sol en la mies contigua,
tallada en rosas la cresta
como una peineta antigua.

De polvo dorado atesta
con las patas, a la exigua
parva suya; y, por la cuesta,
baja el Sur que lo amortigua.

Con la guitarra de pluma
y el tranco de perlesía
a la compañera abruma:

y en el erótico alarde,
es una calcomanía
sobre el cristal de la tarde.

87

Francisco Sosa

R O M A N C E

No temas, hermosa mía;
se troncha la débil planta
a los primeros embates
del viento de la montaña;
mas el roble corpulento
que da sombra con sus ramas
en donde cuelgan sus nidos
las aves enamoradas,
desafía las tormentas,
y con su verdor encanta
aún en medio del invierno,
y nunca sus hojas cambia.

No temas, hermosa mía,
si ves nubes agrupadas
de nuestro amor en el cielo,
nuncios de tormenta insana.
Rudo combate es la vida
del hombre en la tierra ingrata;
pero sale vencedora,
si sabe luchar, el alma.
Hay corazones que nunca
olvidan, si una vez aman,
y que en la lucha son fuertes
como el roble en la montaña.

88

Juan José Tablada

DE ATLÁNTIDA

Lucen del Ocaso los pálidos cobres
y del mar que duerme, los blancos estaños,
y van derramando perfumes salobres
las olas que cantan con tonos extraños.

De pronto, el mar glauco se ve cristalino,
las sombras palpitan de luz salpicadas
y el alba triunfante de un sol submarino
derrama sus luces en aúreas cascadas...

Cual pasa en los claros cielos estivales
la nébula errante de un claro de luna,
pasa estremeciendo los verdes cristales
un delfín de plata con su aleta bruna.

En el fondo tiemblan esbeltas arcadas
de ópalos brillantes y ágatas obscuras...
¿Es que, obedeciendo la voz de las hadas,
Atlántida tiende sus arquitecturas?

Silenciosa surge del regio palacio,
como iluminada por luces astrales,
La Nereida rubia de ojos de topacio
y frente ceñida de rojos corales.

Y tras ella nada, jadeante y bronco,
a grandes brazadas, el tritón fornido,
el que airado sopla su caracol ronco
y en las tempestades lanza su alarido.

Aparece luego como Anadyomena,
la de voz que arrulla como dulce flauta,
la fascinadora y ardiente Sirena,
la que entre sus brazos adormece al nauta.

El alga marina su frente corona,
su vientre escamado fulgura y radía;
parece una heroica, gentil amazona
que viste armadura de oro y pedrería.

Y pasa nadando silenciosa y rauda,
tendiendo en las ondas sus brazos amantes,
mientras que los golpes de su verde cauda
dejan una estela de claros diamantes.

¡Mísero del nauta que surque esos mares!
la onda está quieta; la noche serena;
los astros esplenden y dulces cantares
modula la brisa... Pero la Sirena,

al mirar la quilla del bajel errante
que el espejo terso de la mar desflora,
lanzará en la noche su canción amante
y el arrullo dulce de su voz traidora!...

ONIX

Torvo fraile del templo solitario
que al fulgor de nocturno lampadario
o a la pálida luz de las auroras
desgranas de tus culpas el rosario...
¡Yo quisiera llorar como tú lloras!

Porque la fe en mi pecho solitario
se extinguió como el turbio lampadario
entre la roja luz de las auroras,
y mi vida es un fúnebre rosario
más triste que las lágrimas que lloras.

Casto amador de pálida hermosura
o torpe amante de sensual impura
que vas, novio feliz o esclavo ciego,
llena el alma de amor o de amargura...
¡Yo quisiera abrasarme con tu fuego!

Porque no me seduce la hermosura,
ni el casto amor ni la pasión impura;
porque en mi corazón dormido y ciego,
ha pasado un gran soplo de amargura,
que también pudo ser lluvia de fuego.

¡Oh guerrero de lírica memoria
que al asir el laurel de la victoria,
caíste en tierra con el pecho abierto
para vivir la vida de la gloria...
¡Yo quisiera morir como tú has muerto!

Porque al templo sin luz de mi memoria,
sus escudos triunfales la victoria
no ha llegado a colgar, porque no ha abierto
el relámpago de oro de la gloria
mi corazón oscurecido y muerto.

Fraile, amante, guerrero, yo quisiera
saber qué oscuro advenimiento espera
el anhelo infinito de mi alma
si de mi vida en la tediosa calma
no hay un dios, ni un amor, ni una bandera.

89

Joaquín Téllez

EN PRESENCIA DEL MAR DE VERACRUZ

¡El mar, el mar! Sus ondas escrespadas
estrellánse a mis pies con ronco estruendo:
la gaviota gentil, se está meciendo
encima de las olas agitadas.

Allí se alzan las playas dilatadas,
el Atlántico airado conteniendo,
y el **Norte** su melena sacudiendo,
silba en montes y selvas y cañadas.

Ante este cuadro espléndido, sublime,
el pensamiento permanece mudo . . .
Dios a los mares su grandeza imprime.

Sírvele, mar, a México de escudo
contra todo, poder que al pueblo oprime,
y en terrible vaivén ruge sañudo.

90

Francisco de Terrazas

DEJAD LAS HEBRAS...

Dejad las hebras de oro ensortijado
que el ánima me tienen enlazada,
y volved a la nieve no pisada
lo blanco de esas rosas matizado.

Dejad las perlas y el coral preciado
de que esa boca está tan adornada;
y al cielo, de quien sois tan envidiada,
volved los soles que le habéis robado.

La gracia y discreción, que muestra ha sido
del gran saber del celestial maestro,
volvédselo a la angélica natura;

y todo aquesto así restituído,
veréis que lo que os queda es propio vuestro:
ser áspera, crüel, ingrata y dura.

91

Jaime Torres Bodet

CASCADA

De lo que tengo lo que soy me priva,
y lo que pude ser de lo que he sido,
pues vivo descontando lo vivido
y moriré sin pausa mientras viva.

Tiendo la mano hacia la forma esquiva
de lo que va a pasar... ¡Y ya se ha ido!
Así —cascada que en silencios mido—
me llevas, tiempo, siempre, a la deriva.

Entre el día que fue y el que no empieza
el presente no es sino el camino
que va de una ambición a una añoranza.

Cesa la dicha. Cambia la tristeza.
¡Y no sabremos nunca si el destino
cediendo insiste y reposado avanza!

92

Joaquín Trejo

DEL LIBRO DE MARÍA

La luna, la mensajera
de los ecos del cariño,
la que colora el armiño
de la nube pasajera.

La estrella que tímida arde
con duce melancolía,
entre el duelo y la alegría,
entre la noche y la tarde.

El eterno suspirar
del arroyo manso y puro,
que corre besando el muro
del que ayer fuera su hogar.

Bandadas de golondrinas
que cantan en los balcones,
de donde penden festones
de yedras y clavellinas.

Las aves enamoradas
que tienden juntas el vuelo,
o que conversan del cielo
bajo alegres enramadas.

Todo ese cuadro risueño
de sombras y de colores,

de arrullos, auras y flores,
es como imagen de un sueño.

Porque es el cuadro que vi
muchas veces a tu lado,
porque es el Edén soñado
que siempre me habla de ti.

93

Luis G. Urbina

LA BALADA DE LA VUELTA DEL JUGLAR

—Dolor: ¡qué callado vienes!
¿Serás el mismo que un día
se fue y me dejó en rehenes
un joyel de poesía?
¿Por qué la queja retienes?
¿Por qué tu melancolía
no trae ornadas las sienes
de rosas de Alejandría?
¿Qué te pasa? ¿Ya no tienes
romances de yoglería,
trovas de amor y desdenes,
cuentos de milagrería?
Dolor: tan callado vienes
que ya no te conocía...

Y él, nada dijo. Callado,
con el jubón empolvado,
y con gesto fosco y duro,
vino a sentarse a mi lado,
en el rincón más oscuro,
frente al fogón apagado.
Y tras lento meditar,
como en éxtasis de olvido,
'en aquel mudo penar,
nos pusimos a llorar
con un llanto sin ruido...

Afuera, sonaba el mar...

94

Juan Valle

EL CREPUSCULO EN LA PRESA

A Lucinda

Silencio, soledad, melancolía
reinan doquier: tan sólo la campana
la oración dando en la ciudad lejana,
anuncia de la tarde la agonía.

Se extienden en redor fajas de montes
que se van elevando allá a lo lejos,
y del día expirante a los reflejos,
limitan los distantes horizontes.

Rústicas chozas en su falda humean,
y sube el humo en blancas espirales,
y a través de sus ondas desiguales,
los fuegos de la luz entreclarean.

Abajo el ancha Presa está tendida
y el azul de los cielos reproduce,
inmensa concha que se ostenta y luce
en su marco de peñas embutida.

Con nubes que lo cercan sonrosadas
parte su última luz el sol poniente,
cual padre que, al morir, lánguidamente
entre sus hijas parte sus miradas.

La luna, en tanto, tras la opuesta loma,
melancólica y dulce va saliendo,
como cuando el placer se va escondiendo,
por lado opuesto la esperanza asoma.

Y de la Presa en el espejo blando,
sus rayos luna y sol al par retratan,
y en el agua se mezclan y dilatan,
su reflejo en cada ola transformando.

De mil luceros el zenit se puebla,
chispas de plata sobre azul alfombra:
ya el sol se ve de ocaso entre la sombra,
de polvo de oro como leve niebla.

Vencedora la luna al contemplarse,
tendiendo en el paisaje su mirada,
hermosa, negligente y descuidada,
del lago en el cristal viene a mirarse.

Las luciérnagas pasan a millares,
como estrellas errantes y viajeras,
y se esparcen en notas pasajeras
de la noche los ruidos familiares.

El céfiro nocturno, suspirando,
forma en el agua músicos acordes,
y las pequeñas olas en los bordes
se vienen a estrellar de cuando en cuando.

¡Qué muelle laxitud!, ¡qué dulce calma!
A fuerza de quedar muda y tranquila,
lánguida la existencia se aniquila
en una sensación toda del alma.

¡Qué plácido es estar pensando a solas,
de noche, en este sitio retirado,
y, viviendo en recuerdos del pasado,
llorar y suspirar con estas olas!

¡Qué triste y bella está naturaleza
con esa agua, esa luna, ese vacío! ...
La tristeza que reina en torno mío,
se armoniza muy bien con mi tristeza.

¡Albergue melancólico, tú existes
de los amantes para edén dichoso!
Que siempre, por instinto misterioso,
va buscando el amor los sitios tristes.

Para grabar en ti nombres y fechas,
tienes peñascos, árboles y losas,
y románticas grutas silenciosas,
para el amor por los amores hechas.

Tienes flores de senos reservados,
para dejar entre sus hojas presos
hondos suspiros y secretos besos
por el amor tan sólo, adivinados.

Mas fiera a mí me condenó la suerte
a vagar sin amor y sin ventura,
y el ósculo primero de ternura
me lo darán los labios de la muerte,

Y, si la fecha de mis días bellos
en tus troncos dejar quiero grabada,
suspira y gime el alma contristada,
¡ay! yo no tengo qué grabar en ellos.

Y por eso tan sólo yo querría
morir aquí por única fortuna;
y que la luz querida de esa luna
fuera la aurora de mi eterno día.

95

José María Vigil

FRAGMENTOS

¡Salve, ciencia divina,
faro de la razón, vida del alma,
que a la horda peregrina
que el desierto atraviesa
sin oasis y sin palma,
tras de la nube espesa
que el huracán levanta,
a la vista afligida
señalas ya la tierra prometida
a la que alborozada se adelanta! ...
La libertad al cabo
rompe el férreo dogal que la garganta
oprime del esclavo;
sus hogueras el negro fanatismo
extingue, y destronado
huye desesperado
a ocultarse en el fondo del abismo.
Limpia la luz de la conciencia brilla ...
Bajo la extensa bóveda del cielo,
cada uno la rodilla
puede doblar en su ferviente anhelo,
de su alma soberano,
sin sufrir el azote de un tirano.
He aquí la obra de Dios ... lenta, muy lenta.
Mas cual su autor, segura,
a mi agitado espíritu presenta
en época futura,
y por dicha del hombre, no lejana,

la región feracísima do mana
en copioso raudal la fuente pura.
¡Ah! puedo ya morir; mis ojos vieron
tu gloria ¡oh Dios! en su esplendor sublime.
Si mis sienes hirieron
del dolor las espinas; si me oprime
de un déspota la mano,
gozo al pensar que tu poder redime
de sus cadenas a mi pobre hermano.

96

Xavier Villaurrutia

DÉCIMA MUERTE

I

¡Qué prueba de la existencia
habrá mayor que la suerte
de estar viviendo sin verte
y muriendo en tu presencia!
Esta lúcida conciencia
de amar a lo nunca visto
y de esperar lo imprevisto;
este caer sin llegar
es la angustia de pensar
que puesto que muero existo.

II

Si en todas partes estás,
en el agua y en la tierra,
en el aire que me encierra
y en el incendio voraz;
y si a todas partes vas
conmigo en el pensamiento,
en el soplo de mi aliento
y en mi sangre confundida,
¿no serás, Muerte, en mi vida,
agua, fuego, polvo y viento?

III

Si tienes manos, que sean
de un tacto sutil y blando,
apenas sensible cuando
anestesiado me crean;
y que tus ojos me vean

sin mirarme, de tal suerte
que nada me desconcierte
ni tu vista ni tu roce,
para no sentir un goce
ni un dolor contigo, Muerte.

IV

Por caminos ignorados,
por hendiduras secretas,
por las misteriosas vetas
de troncos recién cortados,
te ven mis ojos cerrados
entrar en mi alcoba oscura
a convertir mi envoltura
opaca, febril, cambiante,
en materia de diamante
luminosa, eterna y pura.

V

No duermo para que al verte
llegar lenta y apagada,
para que al oír pausada
tu voz que silencios vierte,
para que al tocar la nada
que envuelve tu cuerpo yerto,
para que a tu olor desierto
pueda, sin sombra de sueño,
saber que de ti me adueño,
sentir que muero despierto.

VI

La aguja del instantero
recorrerá su cuadrante,
todo cabrá en un instante
del espacio verdadero

que, ancho, profundo y señero,
será elástico a tu paso
de modo que el tiempo cierto
prolongará nuestro abrazo
y será posible, acaso,
vivir después de haber muerto.

VII

En el roce, en el contacto,
en la inefable delicia
de la suprema caricia
que desemboca en el acto,
hay el misterioso pacto
del espasmo delirante
en que un cielo alucinante
y un infierno de agonía
se funden cuando eres mía
y soy tuyo en un instante.

VIII

¡Hasta en la ausencia estás viva!
Porque te encuentro en el hueco
de una forma y en el eco
de una nota fugitiva;
porque en mi propia saliva
fundes tu sabor sombrío,
y a cambio de lo que es mío
me dejas sólo el temor
de hallar hasta en el sabor
la presencia del vacío.

IX

Si te llevo en mí prendida
y te acaricio y escondo;
si te alimento en el fondo

de mi más secreta herida;
si mi muerte te da vida
y goce mi frenesí,
¿qué será, Muerte, de ti
cuando al salir yo del mundo,
deshecho el nudo profundo,
tengas que salir de mí?

X

En vano amenazas, Muerte,
cerrar la boca a mi herida
y poner fin a mi vida
con una palabra inerte.
¡Qué puedo pensar al verte,
si en mi angustia verdadera
tuve que violar la espera;
si en vista de tu tardanza
para llenar mi esperanza
no hay hora en que yo no muera!

97

Eduardo E. Zácate

MI PRIMERA CANA

A MARÍA

Entre el negro cabello de mi frente
ha brotado una cana, te la envío;
piensa al guardarla tú, que ese presente
símbolo es del pensamiento mío.

Dicen que siempre que las canas brotan
cuando no es al influjo de los años,
es porque al hombre con su soplo azotan
cual recia tempestad los desengaños.

Y dícese también que a la manera
con que el alto volcán que haciendo alarde
de la nieve que muéstranos por fuera
la lumbre esconde que en su seno arde;

siempre que enciende en abrasante llama
con inmenso tesón el pensamiento,
cual hojas secas en la verde rama,
en las sienes que forman el asiento,

de juvenil guirnalda y olorosa
los plateados cabellos van brotando,
el lirio azul y la purpúrea rosa
con sus nevadas hebras esmaltando.

Así, aunque es raro que una cana venga
en mis floridos años, no te asombre,
que algo de la vejez el joven tenga,
si el niño tuvo ya mucho del hombre.

Mas lo que ignoro yo, es que ha venido
a demostrar ese cabello cano:
si la vida del alma, tarde ha sido,
si la vida del cuerpo, fue temprano.

E ignoro la pasión que lo engendrara,
pues no puedo pensar sin extrañeza,
que si el amor con canas se mostrara
ya debiera estar blanca mi cabeza...

Yo sólo sé que al ver ante mis ojos
ese hilo de plata suspendido,
pensé que acaso con tus labios rojos
lo pudiera sentir humedecido.

Y temblando, temblando cual la palma
mecida por la brisa dulcemente,
sentí que se elevaba de mi alma
el ansia de tus besos en mi frente.

Y te quise mandar ese cabello
por si el capricho de besarle tienes,
que si a grabar llegaras igual sello
en los que en esa vez cubran mis sienes,

alumbrados por luz color de aurora,
aunque los muestre blancos el espejo,
yo los creeré tan negros como ahora
que comienzo a pensar que he de ser viejo.

98

Antonio Zaragoza

ARMONÍAS

Cuando en la triste pradera
las flores mustias están,
y muere la primavera,
las golondrinas se van.

Otra vez el campo adornan
de primavera las galas,
y las golondrinas tornan
dichas trayendo en sus alas.

Cuando dejan las pasiones
en el pecho sólo espinas,
del alma las ilusiones
se van cual las golondrinas.

Y en vano la antigua calma
anhelamos con afán;
las golondrinas del alma
nunca, nunca volverán.

*

¡Cuál nos encantan las ilusiones
de amor y gloria, que abriga el alma,
que son tan puras como el rocío,
y cual perfume son regaladas,
y son fugaces como la espuma,
y tan suaves como las auras!
Mas si cual ellos tienen encantos,

pronto como ellos también acaban,
que esos encantos sólo un momento
duran, y luego por siempre pasan,
como el rocío, como el perfume,
como la espuma, como las auras.

PEREGRINACIÓN

Mi alma es la paloma solitaria
que el huracán arrebató del nido,
y mi canto es la tímida plegaria
que llega suspirando hasta tu oído.

Siempre vuelo hacia ti y a veces cruzo
atmósferas de luz, celajes de oro;
pero pensando en ti todo lo dejo
y aun en los goces del celeste coro,
como me faltas tú, triste me quejo.

A veces paso en inmortal porfía
del hondo mar sobre los grandes senos,
o en medio de relámpagos y truenos
cruzo por ti la inmensidad sombría.

Aunque la negra tempestad retumbe,
si voy buscando de tu amor las galas
¿qué me importa que el viento me derrumbe
o el fuego celestial queme mis alas?

En verde campo o mar enfurecido,
en cielo azul o nube tormentosa,
en dicha inmensa o formidable duelo
quiero contigo estar por siempre unido:
¡que un mismo sol alumbre nuestro cielo
o rompa un mismo rayo nuestro nido!

99

Rafael Zayas Enríquez

DE UN POEMA

Hay un papel entre mis versos, mudo
cómplice del recuerdo que me exalta;
lo abro temblando, a la memoria ayudo,
y en el silencio de mi hogar desnudo
me pongo a meditar sobre tu falta.

*

Mi espíritu despierto emprende el viaje,
y libre del afán que lo consume,
vuela al pasado para ver tu traje,
besar su falda de crujiente encaje
y embriagarse otra vez con su perfume.

*

El labio tiembla entonces y te nombra,
y vuelvo a verme en la risueña estancia;
las cortinas de tul, la roja alfombra,
y derramando entre la grata sombra,
mi regalo de flores su fragancia.

*

El piano abierto; en el atril alguna
romanza que cantaste en la montaña;
el tibio ambiente que a la luz se aduna,
y el tembloroso rayo de la luna
prendido en el cristal de la ventana.

*

¿Qué viento de armonías celestiales,
de músicas y besos, suena en torno?
de mi lámpara, en grupos desiguales,
asciende el humo en blancas espirales
y dibuja en la sombra tu contorno.

*

Allí estás, sueño mío! No te escondas
que ya mis ilusiones vuelan francas,
del pecho surgen en lumíneas ondas
tal como surgen de las verdes frondas
ebrias de miel las mariposas blancas!...

*

No te escondas, que ya mis alegrías
son flores que abren el marchito broche;
derrama luz sobre las sombras mías,
y déjame decir como Tobías;
hay un ángel en medio de mi noche.

100

Alfonso Zepeda Winkfield

HOMENAJE A CERVANTES

Al Sr. Lic. D. Joaquín D. Casasús.

A DON QUIJOTE

Bien hayas tú, gallardo Don Quijote
que siempre en pos de algún desaguisado,
fuiste sostén y ayuda del cuitado
y del cobarde y del follón, azote.

Muy bien cuadra a tu ser el raro mote
de gran desfacedor y denodado;
pues otro igual "andante" nunca osado
en aventuras mil saliera a flote.

A Rocinante escuálido espolea
y a tu sin par señora Dulcinea
ve a ofrendar tu cariño y tu pujanza:

¡Salve a ti, Caballero de los Leones!
Mi mente do se agitan los turbiones
tiene contigo enorme semejanza.

A DULCINEA

Reina sin par en gracia y fermosura
¿por qué acogiste con semblante austero
a aquel tu siempre amante caballero
en las lides modelo de bravura?...

¿Te parecían pequeñas su ternura
y las victorias que hubo con su acero,

para rendir tu corazón sincero
a aquel todo ´nobleza y galanura? ...

Por tu crueldad y tus manejos ruines
robaron los adversos malandrines,
las gracias que ostentárades antaño:

Hoy estás aterida y marchitada
como alma que se siente flagelada
por soplo fatal del Desengaño.

A SANCHO PANZA

Sin ceñir casco, ni espadín, ni peto,
a horcajadas camina en su pollino
Sancho Panza, el manchego más ladino
que cien veces pecara de discreto.

Grato es mirarlo sobre Rucio escueto
siguiendo a su amo que camina al tino;
y aguzando el ingenio peregrino
digno de ser cantado en su soneto.

Contesta a las preguntas con refranes
y aunque un gobierno espera el ambicioso,
se estremece al rumor de los batanes:

Como tú, Sancho amigo, el poderoso
a lograr más dedica sus afanes
y a todo se intimida temeroso.

A CERVANTES

Gloria sublime del ingenio hispano
cuya vívida luz aun centellea;
hombre trocado en colosal idea
para asombro y prestigio de lo humano.

Inmenso pensador que el negro arcano
doquier fundiste con tu luz febea,
dando enseñanza a la procaz ralea
que no creía en su numen soberano.

¿Cómo gloriar tu genio omnipotente,
¡Oh, guerrero! ¡Oh apóstol! ¡oh, vidente?...
Sólo forjando un himno grandioso

con todos los arrullos de los mares,
con la armonía ideal de los palmares
y el ritmo del boscaje rumoroso.

F I N.

BIBLIOGRAFÍA CONSULTADA

Antología de Poetas de México, de Miguel González Ramírez y Rebeca Torres Ortega, Editorial América, México, D. F., 1945.

El declamador mexicano, por Alonso de Llorca, Librería Ariel, S. A., México, D. F., 1947.

El Parnaso Mexicano (Los trovadores de México), Ed. de Maucci Hermanos.

Flor de moderna poesía, por Rafael Aguayo Spencer. Libro Mex, Editores, SdeRL., México, D. F., 1955.

Las cien mejores poesías líricas mexicanas, por Antonio Castro Leal, Editorial Porrúa, S. A., 4ª edición. México, D. F., 1953.

Poesía romántica mexicana, Selección y prólogo de María del Carmen Millán, Libro Mex Editores, SdeR'., México, D. F., 1957.

Poetas jóvenes de México, por Jesús Arrellano. Libro Mex, Editores, SdeRL., México, D. F., 1953.

Romancero de la Guerra de Independencia, por varios autores. Edición de Agüeros, México, D. F., 1910.

Altamirano, Ignacio M.—La literatura nacional.—Editorial Porrúa, S. A. Tomos I, II, III. México, 1949.

Cuesta, Jorge.—Antología de la poesía mexicana moderna. México, D. F., 1928.

González Peña, Carlos.—Historia de la literatura mexicana. Desde los orígenes hasta nuestros días.—Cuarta edición. Porrúa Hnos. México, 1949.

Jiménez Rueda, Julio.—Historia de la literatura mexicana.—Quinta edición.—Botas, México, 1953.

Jiménez Rueda, Julio.—Letras mexicanas en el siglo XIX. —Fondo de Cultura económica. México, 1944.

Urbina, Luis G.—La vida literaria de México.—Editorial Porrúa, S. A. México, 1946.

Indice

Edición Octubre 2005
Impresos Alba
Ferrocarril de Rio Frio 374
Col. Agricola Oiental